Léxico disponible de los escolares valencianos

Alcance, control y evolución en educación primaria

María Begoña Gómez-Devís

Léxico disponible de los escolares valencianos

Alcance, control y evolución en educación primaria

Octaedro

Colección Universidad

Título: *Léxico disponible de los escolares valencianos. Alcance, control y evolución en educación primaria*

Este libro, de contenido científico, ha sido evaluado por personas expertas externas a la Editorial Octaedro y a la Universitat de València, mediante el método denominado revisión por iguales, doble ciego.

Esta investigación, desarrollada en el *Proyecto para el estudio sociolingüístico del español de Valencia: PRESEVAL* de la Universitat de València (ref. GIUV2014-188), ha contado para su realización con una estancia de investigación, subvencionada por dicha institución, en la Universidad de Salamanca durante los meses de febrero y marzo de 2024.

Primera edición: diciembre de 2024

© María Begoña Gómez-Devís

© De esta edición:
Ediciones OCTAEDRO, S.L.
C/ Bailén, 5 – 08010 Barcelona
Tel.: 93 246 40 02
octaedro@octaedro.com
www.octaedro.com

ISBN: 978-84-1079-011-7
DOI: http://doi.org/10.36006/16444-0
Depósito legal: B 23433-2024

Diseño de la cubierta: Tomàs Capdevila
Realización y producción: Ediciones Octaedro

Impresión: Ulzama

Impreso en España - *Printed in Spain*

*Al talento de los escolares y talante de los educadores,
sin cuya colaboración, anónima y desinteresada,
resultaría imposible mejorar la enseñanza primaria*

Sumario

Prólogo

Hace 25 años se celebró en Bilbao un encuentro patrocinado por Maitena Etxebarría y dirigido por Humberto López Morales en el que se pusieron las bases metodológicas del *Proyecto panhispánico de léxico disponible*. Se consensuaron cuestiones como el tipo y número de informantes por unidad territorial, los campos léxicos (centros de interés) investigados, el tiempo de reacción por cada centro de interés, las variables sociales que se tendrían en cuenta y los importantísimos y necesarios criterios de edición o lematización de las respuestas de los informantes, propuestos por el añorado José Antonio Samper.

En estos 25 años, la disciplina, entonces balbuciente, se ha ido haciendo mayor y ha avanzado muchísimo tanto en número de trabajos –en todos los países de habla hispana hay estudios más o menos extensos, y también en otros países– como en sus fundamentos teóricos. Los límites impuestos en el encuentro de Bilbao para el *Proyecto panhispánico* se han sobrepasado tanto en lo relativo al número y tipo de los centros de interés (una de las grandes tareas) como al tipo de informantes. Y a los estudios del español como lengua materna se han añadido los de ELE, y también han alcanzado otras lenguas: valenciano-catalán, gallego, euskera, inglés, árabe…

La proliferación de los estudios de DL no ha ido, como podría haber sucedido, en detrimento del «ambiente de familia» que consiguió imprimir a los grupos de investigación el maestro Humberto López Morales, y que se ha mantenido gracias a los diferentes encuentros que se han sucedido y a la buena relación entre los miembros de los equipos.

El libro que el lector tiene entre sus manos forma parte de esta ya larga tradición, así como su autora, quien en 2004 publicó un excelente libro, fruto de su tesis doctoral, sobre el léxico disponible castellano de los alumnos valencianos. En aquel libro se hacían importantes aportaciones al análisis sociolingüístico de los datos obtenidos en las encuestas. En los veinte años que han trascurrido desde aquella fecha, la Dra. Gómez-Devís ha seguido trabajando con dedicación en esta línea de investigación, con numerosos trabajos, asistencia a encuentros y estancias en centros de reconocido prestigio en este campo. Y ahora nos presenta un nuevo trabajo en el que se adentra en otra etapa educativa, la de primaria, con informantes de tercero y sexto. Una edad poco atendida en los estudios realizados en España, como se señala en el libro. De ahí la importancia de este trabajo, pues nos permite adentrarnos en los procesos de formación del lexicón mental de los niños y ver, además, las diferencias entre dos cortes etarios.

La muestra está formada por 200 informantes, 100 por cada nivel, y se encuestaron 15 centros de interés o campos léxicos, 12 de los cuales forman parte del *Proyecto panhispánico*, por lo que contamos con muchas investigaciones con las que comparar los resultados, y tres son más novedosos. Las variables sociales, con las que se intentan validar las hipótesis de partida, son, además del nivel educativo, el sexo (100 H y 100 M), la lengua habitual (100 castellano y 100 valenciano), el nivel sociocultural (bajo, 24; mediobajo, 60; medio alto, 80; alto, 36) y el lugar de residencia (ciudad de Valencia, 102; área metropolitana, 98).

En el análisis cuantitativo, la autora se centra en el diverso dominio léxico de los informantes en los 15 campos léxicos y en la variable nivel educativo; dejando para otra ocasión el análisis de la relevancia de las otras variables; un estudio que aportará nuevos e interesantes datos sobre el comportamiento lingüístico de los alumnos valencianos de primaria.

Los dos campos léxicos en los que los alumnos obtienen mejores resultados y tienen mayor dominio léxico, son *alimentos*, *animales*; mientras que *la casa*, y *tecnología* son los de resultados más pobres, a gran distancia de aquellos.

Por otro lado, se confirma empíricamente una de las hipótesis de partida: mayor dominio léxico de los informantes de 6.°, y se cuantifica esa superioridad: 100 palabras de promedio en los 15 campos léxicos por estudiante, 226,11/131,16.

Los resultados de la variable «nivel educativo adquieren más valor al compararlos con los obtenidos en estudios similares como el de Samper (2009) o el de Prado y Galloso (2008). El análisis cualitativo se focaliza también en la variable «nivel de estudio» y, en concreto, en el estudio novedoso de las palabras compartidas por los informantes de los dos niveles y las exclusivas de cada uno de ellos; una de las utilidades que brinda la herramienta LexPro utilizada en el trabajo. El estudio de estos listados pone de manifiesto, como señala la autora, la ampliación del lexicón mental en el periodo comprendido entra las dos etapas educativas. Lo que puede tener importantes aplicaciones didácticas.

Para finalizar quiero señalar que el libro es un modelo metodológico de cómo se investiga en DL, tanto por los criterios de selección de informantes y campos léxicos como por las variables tenidas en cuenta. Debo destacar la detallada exposición de los criterios de edición de las respuestas de los informantes, imprescindible para una correcta interpretación de los listados y su comparación con otras investigaciones.

Animamos a la autora a que en próximos trabajos aborde la influencia del resto de variables y analice las peculiaridades léxicas de los listados. Ambos enfoques añadirán más valor a una publicación que ya de por sí lo tiene altísimo.

José Antonio Bartol Hernández
Universidad de Salamanca

1

Introducción

El léxico ha consolidado su lugar frente a otros aspectos de la enseñanza de idiomas, pues «la riqueza, el alcance y el control del vocabulario son parámetros importantes en la adquisición de la lengua y, por ello, de la evaluación del dominio de la lengua que tiene el alumno, y de la planificación del aprendizaje y de la enseñanza de lenguas» (MCERL, 2001, p. 149). Asimismo, su magnitud requiere una enseñanza explícita y organizada, articulada en torno a campos léxicos o nocionales, al contexto y haciendo especial hincapié en las unidades léxicas complejas.

La especificidad del componente léxico, considerado mucho más complejo que los niveles fonético o gramatical, se explica por la dificultad de su sistematización motivada, entre otros, por los siguientes factores:

- ▸ el gran número de unidades que lo forman, casi ilimitado;
- ▸ la variación léxica, evidente en todas sus posibilidades (diatópica, diastrática o diafásica);
- ▸ el dinamismo de la lengua: si el cambio es algo inherente a las lenguas, es en el nivel léxico donde mejor se manifiesta este principio.

En este punto, una vez considerada la compleja realidad del léxico y la necesidad de su enseñanza explícita, la planificación y selección adquieren la relevancia necesaria para asegurar el éxito del desarrollo de la competencia léxica de los alumnos. Para atender dicha tarea, el MCERL (2001, p. 149) señala cuatro posibilidades:

▸ Elegir palabras y frases clave –en áreas temáticas necesarias para la consecución de las tareas comunicativas adecuadas a las necesidades de los alumnos– que encarnan la diferencia cultural y, en su caso, los valores y creencias importantes compartidos por el grupo o los grupos sociales cuya lengua se está enseñando.

▸ Seguir unos principios léxico-estadísticos que seleccionen las palabras más frecuentes en recuentos generales y amplios, o las palabras que se utilizan para áreas temáticas delimitadas.

▸ Elegir textos (auténticos) hablados y escritos, y aprender o enseñar todas las palabras que contienen.

▸ No realizar una planificación previa del desarrollo del vocabulario, pero permitir que se desarrolle orgánicamente en respuesta a la demanda del alumno cuando este se encuentre realizando tareas comunicativas.

Sin entrar en el debate de si las dos últimas opciones son verdaderas formas de selección léxica, queda claro que todas ellas pueden reducirse a dos tipos (Bartol, 2010, pp. 89-90): por un lado, la que durante mucho tiempo ha sido la más utilizada, la selección subjetiva, si bien el éxito en su aplicación depende de los conocimientos y la intuición del creador de materiales; por otro lado, la selección objetiva, basada en corpus a los que se aplican métodos estadísticos de análisis complejos propiciados por los recientes avances informáticos. Los ejemplos más conocidos de esta modalidad son los diccionarios básicos o de frecuencia, pero también los de léxico disponible.

De hecho, cualquier investigación sobre léxico, y aún más las dedicadas a su enseñanza-aprendizaje, distingue entre las palabras frecuentes, que aparecen en cualquier tipo de texto con independencia del tema tratado (atemáticas) y las disponibles, aquellas que aparecen en situaciones concretas, específicas, cuando el tema de la conversación las requiere (temáticas). El primer grupo lo conforman formas gramaticales (artículos, preposiciones, conjunciones, etc.), que suponen alrededor del 50 %, y el resto son verbos, adjetivos y sustantivos. El segundo, en cambio, lo integran casi exclusivamente sustantivos. La razón de estas diferencias, insiste Michéa (1953, p. 342), es que frecuencia y disponibilidad son de naturaleza distinta. Entre una y otra hay una fuerza de selección y de adaptación que lleva a emplear solo las palabras que son útiles en una situación específica.

Siguiendo con esta introducción, queda ahora concretar esta monografía. Una vez publicados los resultados de la disponibilidad léxica (en adelante, DL) de los preuniversitarios de la provincia de Valencia en sendas tesis doctorales (castellano, Gómez-Devís, 2004; valenciano, Llopis Rodrigo, 2006), se busca ahora profundizar en el proceso indagando el avance en distintos niveles escolares con un claro objetivo de aplicabilidad, lo cual es una constante en investigaciones de esta índole: a los pioneros franceses les preocupaba la enseñanza del francés a los extranjeros, mientras que a los canadienses, como lengua materna. Dicha dualidad todavía permanece en nuestros días y con excelentes resultados.

De acuerdo con lo arriba indicado, al estudiar el lenguaje relacionado con población infantil hay que asumir que este no es una «reproducción deficiente del lenguaje adulto y de los signos de su código convencional» (González Pereira, 2020, pp. 180-181), sino que se trata de un código específico, que se cataloga como «lenguaje infantil» y presenta un proceso evolutivo con pautas propias. Además, su desarrollo estará determinado por una serie de condiciones que impactan sobre la vida de los sujetos. En relación con el léxico, su adquisición permite a los menores generar interacciones eficientes con el entorno que los rodea. En consecuencia, conocer e identificar este lenguaje permite, al mismo tiempo, reconocer sus singularidades exclusivas y sus propiedades genuinas (Fernández Pérez, 2020). Por otra parte, también el lenguaje proporciona a las personas una faceta reguladora de la personalidad y del comportamiento social, dando lugar a una adaptación de las conductas sociales (Abarca Castillo, 2007). De hecho, sirve para estructurar y almacenar conocimientos culturales, así como transmitirlos a las futuras generaciones garantizando la educación en los distintos grupos sociales.

Así pues, el trabajo que se desarrolla tiene como principal objetivo presentar el inventario del léxico disponible de los alumnos de educación primaria, de los cursos 3.º y 6.º, de Valencia y área metropolitana, así como los criterios tomados para su edición junto a un somero análisis de los resultados obtenidos. Todo ello pretende contribuir al estudio del léxico desde diversas disciplinas como la sociolingüística, la psicolingüística y, muy especialmente, la lingüística aplicada y la didáctica de la lengua, puesto que cualquier planificación seria de la enseñanza del vocabulario debe considerar la identificación y asunción de fortalezas, debilidades, amenazas y oportunidades de los estudiantes a quienes se pretende enseñar.

El contenido de este volumen está estructurado en varios capítulos.

El primer capítulo tiene el objetivo de enmarcar nuestro trabajo en el estado actual de la investigación en disponibilidad léxica infantil. Para ello se parte de la descripción de las bases científicas, concretando conceptos como disponibilidad léxica o léxico disponible, y se comentan junto a las investigaciones más relevantes del ámbito escolar las opciones metodológicas específicas en la población infantil. No se trata de realizar un repaso exhaustivo por los orígenes y evolución de esta disciplina, sino de darle a nuestra investigación un lugar apropiado.

A continuación, se presenta el estudio valenciano abordando los aspectos metodológicos en la medida de lo posible, según el *Proyecto panhispánico de léxico disponible* (en adelante, PPHLD), lo que nos permitirá fácilmente cotejar resultados entre estudios similares. Así, se expone el diseño y elaboración de la encuesta de disponibilidad, se da cuenta de la selección de la muestra de participantes y se detalla el proceso de edición de los materiales léxicos, explicando los criterios generales contemplados en dicha tarea junto a los criterios específicos y particularidades de los centros de interés (en adelante, CCII). Todos estos datos son esenciales, pues explican muchos de los interrogantes que el lector puede considerar al observar los diccionarios generales del léxico disponible, así como la convergencia o especificidad de los repertorios en función del nivel educativo, entre otros.

El capítulo que le sigue desgrana el léxico disponible mediante su recuento cuantitativo y cualitativo con el fin de realizar una valoración y aportar las conclusiones que de ellos se desprenden. En este sentido, el interés no reside únicamente en la cantidad de palabras y vocablos que los escolares incluyen en sus listados o en el índice de cohesión que alcanza cada centro de interés, sino también en el inventario de palabras comunes o específicas de los distintos niveles educativos o cómo dichas unidades evolucionan atendiendo a su disponibilidad.

En las conclusiones se señalan desde una interpretación global que ciertamente habrá que desplegar en posteriores publicaciones, los resultados y logros más representativos del léxico disponible de los escolares valencianos junto a las particularidades según el subgrupo nivel educativo, no solo desde aspectos cuantitativos, sino también cualitativos.

Finalmente, gracias a la implementación de pruebas y cálculos reconocidos por el PPHLD, facilitados por la herramienta de reciente creación LexPro,[1] se ofrece el léxico disponible generado por los alumnos de educación primaria de Valencia y área metropolitana en sendos diccionarios, niveles de tercero y sexto, ordenados de mayor a menor rango de disponibilidad. Todo ello nos permitirá descubrir cómo y en qué medida aumenta, o se estabiliza, el caudal léxico de los alumnos a lo largo de la etapa primaria.

Por último, podría pensarse que los datos generados por una muestra de 200 escolares no representan los estándares habituales de los estudios incardinados en niveles educativos superiores; sin embargo, se trata de una cifra más que considerable en el caso de la población infantil y, por tanto, sus aportes han de considerarse de envergadura para el escenario panhispánico en las etapas iniciales de adquisición.

En definitiva, se indaga la DL en una población escolar de 100 alumnos de tercero y otros tantos de sexto de primaria (8 y 12 años) con el objetivo de descubrir la especificidad del léxico disponible infantil observando la progresión de los lexicones de manera que los resultados puedan compararse con investigaciones similares y aplicarse a la enseñanza de la lengua española mediante estrategias pedagógicas efectivas. La otra novedad de este trabajo, en cierto modo, es que se trata de escolares plurilingües, ya que en contextos sociales y educativos comparten, al menos, dos lenguas cooficiales.

---

1. LexPro (Hernández Muñoz *et al.*, 2024) es una herramienta de análisis de datos léxicos y creación de redes complejas desarrollado por las universidades de Salamanca y Miguel Hernández de Elche. Está disponible en: https://dispogram.usal.es/lexpro

2

Disponibilidad léxica y escuela primaria

Desde que esta disciplina, vinculada a la léxico-estadística, comenzó a desarrollarse en el ámbito hispánico de la mano de Humberto López Morales allá por 1973, se han sucedido numerosos proyectos y equipos de investigación que han logrado estudios sumamente valiosos para describir la norma léxica de las diferentes regiones del mundo hispanohablante. Actualmente, la mayoría de ellos forman parte del PPHLD[2] y comparten el reto de recabar el léxico disponible de los alumnos de habla hispana durante el año anterior a su ingreso en la universidad.

Así, su principal propósito es recoger, analizar y valorar el léxico disponible de una comunidad de habla con el objetivo de descubrir qué palabras sería capaz de utilizar un hablante en relación con determinados temas cotidianos de comunicación. Las palabras que se reúnen en los diccionarios de léxico disponible atesoran una fuerte carga semántica (sustantivos, mayoritariamente, pero también adjetivos y verbos) y se consiguen a partir de una prueba de fluidez léxica con la que se pretende que, a través de un estímulo, el informante active los nodos de su lexicón y actualice, casi siempre por escrito, aquellas palabras relacionadas con el centro de interés propuesto. Ya no se trata de las palabras utilizadas al producir determinados textos, sino de las palabras que, organizadas, se almacenan en nuestro le-

---

2. A lo largo de la extensa trayectoria de este tipo de investigaciones destaca el *Proyecto panhispánico de léxico disponible* (PPHLD), cuyo principal propósito es la elaboración del *Diccionario de léxico disponible de la lengua española*. Para obtener mayor detalle sobre este tipo de aportaciones pueden consultarse algunas revisiones exhaustivas recientes (Fernández-Smith *et al.*, 2012; Paredes García, 2012).

xicón mental y están disponibles para ser utilizadas cuando las circunstancias comunicativas lo requieran; es decir, cuando un estímulo active el nodo cerebral adecuado.

La fiabilidad y alcance de la prueba de DL viene avalada, además de por los resultados rigurosos y contrastados a lo largo de más de 50 años de trayectoria indagatoria, por su semejanza con las utilizadas en psicolingüística –modelos de producción léxica que las sustentan (Levelt, 1999, 2001; Caramazza, 1997)– y, en concreto, los ejercicios de fluencia semántica utilizados en psicología experimental para diagnosticar problemas en la memoria semántica de los individuos. *Grosso modo*, las palabras disponibles son actualizadas ordenadamente por los informantes durante la encuesta, disponen de 2 minutos por centro de interés, y una vez editadas (proceso de lematización), forman un corpus que es sometido a pruebas matemáticas para calcular aspectos elementales como el total de palabras (NP), palabras diferentes o vocablos (NPD), promedio de respuestas por informante (XR) y otros más complejos, con marcado carácter léxico-estadístico:

▸ el índice de disponibilidad léxica (IDL) de cada palabra en un centro de interés concreto. También puede explicarse como las posibilidades de uso de una palabra en una comunidad cuando se habla de un determinado tema. Esta sería la fórmula de disponibilidad léxica (López Chávez y Strassburger Frías, 2000):

Donde:

$$D(Pj) = \sum_{i=1}^{n} e^{-2,3 \, x \, (\frac{i-1}{n-1})} \, x \, \frac{f_{ji}}{I_1}$$

D(Pj): disponibilidad de la unidad léxica j
n: máxima posición alcanzada en el CI
i: número de posición de que se trata
j: índice de la palabra en cuestión
e: número natural (2,718181818459045)
f_{ji}: frecuencia absoluta de la palabra j en la posición i
i_1: número de participantes

Recientemente, algunos investigadores han incorporado el valor porcentual a fin de optimizar el contraste entre las palabras que conforman el inventario disponible: si una entrada ha obtenido el 0,4546 de IDL, este valor se multiplica por cien, obteniéndose un 45,46 % (Bartol, 2017). De esta manera, se consigue procesar más fácilmente las diferencias entre los datos[3] y rangos de las unidades léxicas.

‣ el índice de cohesión (IC) observa el grado de coincidencia en las respuestas aportadas y permite analizar comparativamente los materiales léxicos de un centro de interés en distintos grupos de sujetos estableciendo la coincidencia de respuestas en cada uno de ellos. También puede considerarse como el grado de homogeneidad de un grupo respecto a su léxico disponible. Estos valores proceden del cociente entre el promedio de respuestas del grupo (XR) dividido por el total de palabras diferentes o vocablos (NPD).

Asumir y aplicar todo lo expuesto hasta el momento en las etapas iniciales de adquisición supone un gran avance en el entramado de la DL que se concreta al considerar datos relevantes en torno a los posibles cambios en el caudal léxico de los escolares, explicables por la diferencia de edad y nivel de instrucción, así como aportar nuevos materiales para la enseñanza de la lengua española, especialmente para el desarrollo del léxico, en los diferentes niveles educativos. De hecho, si la escuela decide todo lo relativo a la incorporación del vocabulario –selección, tamaño y gradación–, resulta una valiosa oportunidad el considerar a la población escolar para conocer el proceso de adquisición del léxico de los alumnos y el incremento de este a lo largo de su proceso de formación, lo cual reporta una enorme utilidad pedagógica para planificar su enseñanza.

Sabemos que entre la edad de año y medio y los siete años, el vocabulario del niño aumenta rápidamente hasta llegar a las 2000 o 2500 unidades. Este es el promedio de adquisición léxica que tiene un niño normal al ingresar a la escuela. Pero ¿cuáles son esas palabras? [...] La forma de conseguir esa información es mediante la preparación de listas de frecuencia y a través de investigaciones

---

3. Conferencia inaugural de José Antonio Bartol en las I Jornadas de Investigación en Disponibilidad Léxica: Nuevas tendencias y aportaciones, Universidad de Salamanca, 2017. https://diarium.usal.es/jornadasdl/conferencias/ (minutos 23-24)

de disponibilidad léxica en la población infantil. (López Morales, 1986, p. 78)

Sin embargo, los estudios dedicados al léxico disponible en edades tempranas no son muy numerosos y se caracterizan, además, por cierta pluralidad metodológica. Esta polifonía, especialmente señalada en los corpus orales o escritos, debe ser revisada con el propósito de crear un espacio capaz de aglutinar las distintas opciones metodológicas y sus resultados en la etapa de educación primaria o básica (6-12 años). En este sentido, se persigue la elaboración de una propuesta razonada que permita, a todos los interesados en el léxico disponible infantil, investigar de manera consensuada, pues es la única manera de optimizar las valiosas aportaciones en torno a la evolución o progreso del vocabulario según la edad de los informantes, la relación directa entre la cantidad y calidad de palabras que un niño posee, y los procesos asociados al conocimiento y comprensión del mundo que le rodea, incluso se puede señalar el desarrollo cognitivo dando cuenta de las posibilidades que los participantes tendrán para leer y escribir de manera efectiva.

De acuerdo con tales consideraciones, se ofrece, a continuación, un breve repaso de algunos de los trabajos que han logrado mayor repercusión en las tres últimas décadas y de otros que se consideran incipientes, puesto que todavía no se han publicado por completo. La trayectoria de todos ellos se sustenta y entrelaza con los orígenes y retos de la DL, siendo a finales del siglo xx cuando su presencia se incrementa exponencialmente hasta nuestros días.

Es en la escena latinoamericana donde surge el primer impulso. Destacan los mexicanos López Chávez *et al.* (1993), Medellín García (2011) y Hernández Solís (2014); los chilenos Echeverría (1991) y Cepeda, Granada y Pomes (2014, 2017); Murillo (1993, 1994) y Sánchez Corrales y Murillo (1999, 2006) en Costa Rica, o Montenegro (2010) en Guatemala. Recientemente, las investigaciones bogotanas de Henríquez, Mahecha y Mateus (2016), Mahecha y Mateus (2017), Mateus *et al.* (2018, 2020); las chilenas de Manni Vega (2022), Quintanilla y Peña (2024), Donoso y Cepeda (2024) junto a Gómez-Devís y Cepeda (2022) y Gómez-Devís *et al.* (2023), y la guatemalteca Paiz Contreras de Campos (2019) o Alba (2021, 2022) en Santo Domingo.

En territorio español, si bien la incursión fue tardía, muestra ahora mayor vitalidad. Sobresalen los equipos de las universidades de Huelva (Prado Aragonés y Galloso, 2008), Las Palmas de Gran Canaria (Samper Hernández, 2009; Samper Hernández *et al.* 2020; Samper Padilla *et al.*, 2019), Navarra (Jiménez Berrio, 2019), Valencia (Gómez-Devís, 2019, 2021), Málaga (Escudero *et al.*, 2022, 2024) y Castellón (Martí Contreras, 2024).

A fin de proporcionar una visión general que ayude a comprender tales logros se ofrece una breve descripción siguiendo un orden cronológico. No hay que olvidar que la edad es un factor especialmente importante cuando se pretende estudiar los procesos de adquisición y que este aspecto condiciona la recogida de materiales léxicos en hablantes de corta edad, encuestas orales hasta 6 años. El reciente trabajo de Gómez-Devís y Herranz-Llácer (2022) considera las particularidades de este tipo de estudios –CCII observados, tiempo de respuesta asignado, incidencia del empleo de estímulos evocadores, distinta activación y producción léxica– y ofrece una propuesta metodológica que atiende la especificidad de la población escolar que todavía no ha adquirido de forma fluida la escritura.

Iniciamos el recorrido en 1993, año en que el investigador mexicano López Chávez publica, junto a su equipo, los repertorios de disponibilidad de los alumnos del nivel primario completo, a los que se añadió el correspondiente nivel preescolar. Dicha contribución abarca los 16 CCII tradicionales[4] y considera un tiempo de tres minutos para cada uno de ellos. En cuanto a los factores sociales atiende al sexo (con el mismo número de niños y niñas) y tipo de centro educativo (escuela oficial/escuela particular).

Al mismo tiempo, en Costa Rica, Murillo (1993, 1994) desarrolla su investigación con preescolares de entre 5 años y medio y 6 años. Consigue los datos léxicos de modo oral a partir de estímulos visuales (láminas motivadoras) y preguntas abiertas como «¿qué es esto?» y «¿qué otras (otros) conoces?». También

---

4. Todos los trabajos que se incardinan en el PPHLD deben atender los 16 estímulos o centros de interés tradicionales, aunque es posible ampliarlos según las particularidades de la investigación. Son los siguientes: *Partes del cuerpo, Ropa, La casa, Muebles de la casa, Alimentos y bebidas, Objetos colocados en la mesa, La cocina, La escuela, Iluminación, Calefacción y ventilación, La ciudad, El campo, Medios de transporte, Trabajos del campo y del jardín, Animales, Juegos y distracciones, Profesiones y oficios.*

limita el tiempo de respuesta en torno a los 3 minutos, pero su estudio solo abarca seis CCII, y no todos se encuentran entre los dieciséis habituales. Hay que esperar hasta 1999 para conocer el inventario de léxico disponible recopilado por Sánchez Corrales y Murillo mediante entrevistas a 108 niños que acuden a centros tanto públicos como privados. En esta ocasión se amplía el número de estímulos a 10: *Cuerpo, Alimentos, Vestido, Familia, Juegos y juguetes, Comunidad, Medios de transporte, Medios de comunicación, animales* y *Profesiones y oficios*. En 2006 los autores publican los inventarios definitivos de léxico disponible ampliando la muestra del estudio a 216 preescolares.

En Chile, Cepeda, Granada y Pomes (2014) analizan los resultados de 51 escolares (34 niños y 17 niñas) de primero de básico de la ciudad de Talca. Su estudio atiende 11 CCII (*Partes del cuerpo, Ropa y calzado, Alimentos y bebidas, Medios de transporte, Animales, Juguetes, Ciudad, Casa, Escuela, Profesiones* y *Colores*). El tiempo asignado es de 2 minutos para cada uno y el entrevistador va anotando las soluciones aportadas durante el transcurso de la prueba oral.

Por último, y más reciente, en el estudio de Paiz Contreras (2019) participan 280 alumnos (119 niñas y 161 niños) que cursan el primer grado de nivel primario (de 6 a 9 años) en las áreas rural y urbana de Guatemala. En esta ocasión los CCII observados son nueve de los tradicionales y *Familia*. Las respuestas de los participantes se grabaron, pero solo se concedió 1 minuto para cada estímulo.

En cuanto a los escolares españoles de 6 años, solo disponemos, por el momento, de dos investigaciones. La primera, del equipo grancanario (Samper Padilla *et al.*, 2019; Samper Hernández *et al.*, 2020), con 40 niños (20 de cada sexo). Como en el caso chileno, el entrevistador anota las palabras según el escolar las proporciona durante los 2 minutos asignados. No obstante, tal como apuntan los investigadores, en ocasiones «hubo que favorecer la continuidad de las respuestas con algún estímulo adicional del tipo: "¿qué ropa usas cuando hace calor o cuando hace frío?" o "¿cuál es tu comida preferida?"» (Samper Padilla *et al.*, 2019, p. 145). Las variables observadas son: sexo, nivel sociocultural de los progenitores y tipo de centro (público o privado/concertado). Los CCII se reducen a cinco de los tradicionales (*Ropa, Alimentos y bebidas, Escuela, Animales* y *Colores*).

La segunda aportación se desarrolla en Valencia y área metropolitana. Los participantes son 55 alumnos bilingües de distintos centros públicos (25 niños y 30 niñas). Las variables extralingüísticas contempladas son sexo, nivel sociocultural de los padres, residencia y lengua habitual (castellano-catalán de Valencia). Los CCII son 11, los mismos que en la investigación chilena de Cepeda *et al.* (2014), y también se dispone de 2 minutos para las respuestas, pero en esta ocasión no se anota nada, sino que se graba. Otro aspecto específico de la investigación valenciana es que los alumnos solo pueden recibir algún tipo de ayuda, si es que la necesitan, una vez han superado el primer minuto del tiempo asignado (Gómez-Devís, 2019, p. 171).

Para cerrar esta franja etaria cabe señalar que últimamente se han publicado diferentes estudios contrastivos como, por ejemplo, el de Gran Canaria, Costa Rica y México (Samper Padilla *et al.*, 2019) o entre Valencia y Talca (Chile) (Gómez-Devís *et al.*, 2022, 2023).

Al revisar los trabajos dedicados al segundo curso de la etapa primaria (7-8 años) surge el reciente proyecto localizado en Castellón y su provincia. La muestra la conforman 420 escolares distribuidos en tres grupos de 140 (70 de cada sexo) por nivel educativo (segundo, cuarto y sexto). Por el momento, únicamente se han publicado los resultados del estímulo *Partes del cuerpo*, atendiendo al promedio de respuestas (XR) e índice de cohesión (IC), según los rasgos de edad, sexo y tipo de centro (Martí Contreras, 2024).

El caso de tercero cuenta desde hace tiempo con una tesis doctoral (Universidad de Salamanca, 2003) de la investigadora grancanaria Samper Hernández. Los niveles educativos son tercero y quinto, concretamente 160 alumnos repartidos equitativamente. Los CCII son los 16 tradicionales y *colores*. El detalle de los resultados (Samper, 2009) se comentará en capítulos posteriores, especialmente los de tercero, ya que serán cotejados con los de nuestra investigación.

También en Guatemala Montenegro (2010) investiga a los alumnos de tercero y sexto en escuelas públicas y para ello reúne una muestra de 400 informantes (200 por curso) que responden a una prueba escrita de 2 minutos en los centros: *Partes del cuerpo*, *animales, Alimentos, Medios de transporte, Profesiones y oficios* y *Accidentes geográficos*. Si bien hace ya tiempo de dicha investigación, no hemos logrado localizar otras publicaciones directamente relacionadas.

El curso siguiente, cuarto, lo investiga Jiménez Berrio (2019) junto a sexto en la comarca de Pamplona. La muestra asciende a 107 y 109 alumnos, respectivamente, y observa 18 CCII –los 16 tradicionales, además de *Colores* y *Familia*– en función del sexo, nivel sociocultural, modelo lingüístico y materias AICLE de los escolares. Los datos aportados, además de los diccionarios de léxico disponible, son total de palabras (NP), de vocablos (NPD), promedio de respuestas por informante (XR) e índice de cohesión (IC). No obstante, en la presentación de resultados se adopta una perspectiva inclusiva donde prima una visión evolutiva del léxico disponible (primaria y secundaria), por lo que, en consecuencia, resulta imposible extraer información relativa a un curso concreto.

En relación con quinto curso, se contabilizan, además de los ya mencionados (Samper, 2009; Montenegro, 2010), dos estudios recientes localizados en Chile. El primero, de Manni Vega (2022), solo analiza 3 CCII: *Ropa*, *Comidas y bebidas*, y *Medios de transporte*. La población escolar son 52 alumnos de Santiago (33 chicos y 19 chicas) que se distribuyen en tres cursos: 5.º básico con 17 estudiantes de 10-11 años, 6.º curso con 30 de 12-13 años y 7.º con 5 de 14-15 años. En el segundo, Donoso y Cepeda-Guerra (2024) se ocupan del contexto inmigrante de la escuela al observar un grupo de escolares chilenos junto a compañeros de otros países del Cono Sur. Concretamente se trata de 77 estudiantes de 10-12 años (45 chicos y 32 chicas) que durante 3 minutos han aportado unidades léxicas asociadas a *Muebles*, *Profesiones*, *Escuela*, *Cocina*, *Ropa* y *Alimentos*.

En cuanto al último curso de la etapa primaria, sexto, aunque ya cuenta con investigaciones mencionadas anteriormente (Jiménez Berrio, 2019 y Martí Contreras, 2024), destacamos la de los escolares onubenses, exactamente 115 niños y 105 niñas (Prado y Galloso, 2008). Estas investigadoras abordan los 16 CCII tradicionales y sus resultados van a ser cotejados con los de nuestra investigación en apartados posteriores.

Hasta aquí la relación de trabajos dedicados a la disponibilidad en lengua materna. No obstante, otra opción interesante es la que atiende al español junto a otra lengua. Así, y según fecha de publicación, destaca el mexicano Santos García (2015), que plantea la comparación entre parcelas léxicas producidas por el mismo sujeto en un contexto bilingüe (español y *náayeri*). Los participantes son 40 niños (26 niñas y 14 niños) de entre 11 y 12 años que cursan los grados de quinto y sexto en el municipio de Nayar y disponen de 2 minutos para completar la encuesta en cada estímulo. Los centros estudiados son diferentes a los tradicionales, pues la prioridad es ahondar en la situación cultural: *Plantas, Animales, Objetos de la casa, El cuamil, Lo que hay en el monte, Ocupaciones, Alimentos, Objetos para el trabajo, Objetos sagrados* y *Remedios*.

También en Málaga, Escudero *et al.* (2022) observan la disponibilidad en castellano y la primera lengua extranjera del centro escolar en torno a seis centros de interés: *Partes del cuerpo, Naturaleza, Alimentos y bebidas, Escuela, Juegos y distracciones* y *Pandemia*, con una muestra de 208 alumnos repartidos entre los cursos de segundo (40 niños y 33 niñas), cuarto (37 y 2, respectivamente) y sexto (40 y 29). Por último, las chilenas Quintanilla y Peña (2024) abordan la disponibilidad léxica en lengua extranjera (inglés) de 99 alumnos (52 chicos y 47 chicas) de 5.º grado de básica (10-11 años) analizando los estímulos: *Partes del cuerpo, Ropa, Alimentos y bebidas, Animales* y *Familia*.

Como último apunte que ayude a cerrar la lista de trabajos incardinados en el ámbito escolar (6-12 años), recomendamos la descripción detallada que ofrecen Herranz-Llácer y Gómez-Devís (2022) al rastrear 26 aportaciones durante el periodo 2006-2023 y señalar el considerable incremento de este tipo de estudios, sobre todo en España.

Por último, puede que la lista anterior haya quedado incompleta o que el conjunto de publicaciones no se equipare con el de otras etapas educativas como secundaria o preuniversitaria, pero su valor resulta palmario, pues todos ellos contribuyen a la enseñanza del vocabulario en lengua materna al establecer un léxico de referencia fundamentado en datos procedentes de hablantes nativos en las etapas iniciales de adquisición y distintos niveles de instrucción.

En otras palabras, la planificación de la adquisición de vocabulario debe ir al compás de los diferentes niveles o cursos académicos. Manejar este *input* es imprescindible para que se lleve a cabo el *output* esperado. Esto es, utilizar eficazmente el léxico disponible generado por los niños y las niñas de educación primaria en aras de una adecuada enseñanza a partir de una secuenciación gradual que observe la madurez y la competencia lingüística de los escolares. Ello requiere ajustar la práctica indagatoria en torno al análisis de resultados de índole cuantitativa (producción de palabras, palabras diferentes/vocablos, índice de cohesión…), establecer la evolución o incremento en distintos niveles académicos, así como atender la organización de dichas unidades en la mente léxica (palabras que la conforman y redes que se establecen) durante el proceso de adquisición. Solo así estaremos en una posición privilegiada para descubrir los factores, fases y mecanismos que condicionan o favorecen la construcción del lexicón mental en distintos momentos de la vida del hablante.

3

Aspectos metodológicos de la investigación valenciana

A la hora de decidir sobre la metodología de la investigación se ha procurado seguir, en la medida de lo posible, los aspectos metodológicos consensuados dentro del PPHLD. Fundamentalmente, la selección de los CCII, el tipo de encuesta y sus condiciones específicas, así como el tratamiento informático de los datos con el reciente programa LexPro y los criterios de edición de los materiales recopilados se ajustan a los acuerdos ya establecidos, y todo ello proporciona a nuestro trabajo unos fundamentos sólidos que nos permitirán las futuras y necesarias comparaciones con estudios ya publicados o que ahora mismo se están desarrollando en distintas zonas del mundo hispánico.

3.1. La encuesta

El modelo de encuesta es el recomendado en el *Proyecto panhispánico*. En las primeras páginas se localiza la información general (fecha, localidad, centro educativo, investigador que supervisa la realización de la encuesta) y los datos sociológicos de los estudiantes en relación con el sexo/género, edad, nivel educativo, tipo de centro, nivel sociocultural y lengua habitual. A continuación, le siguen varias hojas estructuradas en tres columnas en cuya parte superior figura el nombre de los diferentes CCII (total 15). Cada columna, donde el alumno ha de anotar todas las palabras que le vienen a la mente, está dispuesta en espacios señalizados y numerados, hasta 25. Esta numeración permite presentar el orden de mayor a menor disponibilidad de las palabras: el escolar anota las que primero le vienen a la mente en las primeras posiciones, más disponibles, y cuanto más avanzado es el lugar que ocupa una palabra en la lista, menos disponible y espontánea, ya que el esfuerzo para encontrarlas ha sido mayor. El tiempo de respuesta es de 2 minutos y siempre controlado por la entrevistadora.

Los centros de interés observados son los siguientes:

▸ 01. Partes del cuerpo
▸ 02. La ropa
▸ 03. La casa
▸ 04. Muebles de la casa
▸ 05. Alimentos y bebidas
▸ 06. La escuela
▸ 07. La ciudad
▸ 08. El campo
▸ 09. Medios de transporte
▸ 10. Animales
▸ 11. Juegos y aficiones
▸ 12. Profesiones y oficios
▸ 13. Familia
▸ 14. Tecnología
▸ 15. Colores

En su mayoría son los requeridos en las investigaciones preuniversitarias, aunque los tres últimos, que no forman parte de dicha selección, son habituales en los estudios infantiles más actuales.[5]

3.2. La muestra

La elección de un tipo concreto de muestra demográfica (aleatoria, empírica o mixta, con las subdivisiones conocidas en cada uno de los grupos) está determinada por la índole de la investigación que se pretende llevar a cabo. Así, el carácter experimental

---

5. El centro de interés *Familia* ya fue observado en contextos infantiles por Jiménez Berrio (2019), Paiz Contreras (2019) o Quintanilla y Peña (2024), mientras que el de *Tecnología* únicamente se observó en etapas educativas superiores.

de nuestro trabajo y el ámbito indagatorio en el que se incardina han aconsejado la adopción de una muestra empírica razonada o intencionada con la que se asegura la incorporación adecuada de los distintos grupos de contraste.

En esta ocasión, la población infantil queda conformada por un total de 200 escolares (100 niños + 100 niñas) de tercero y sexto cursos de educación primaria (8 y 12 años), matriculados en centros públicos de la ciudad de Valencia y área metropolitana en el curso académico 2023-2024. Concretamente, se trata de seis centros localizados en Valencia, Museros, Rafelbunyol y Puçol.

La distribución de la muestra (tabla 1) está en consonancia con la mayoría de las investigaciones dedicadas a la educación primaria o básica: criterio de cuotas por afijación uniforme, especialmente recomendado cuando la comparabilidad cuantitativa es fundamental en la propia naturaleza de la investigación.[6] Así lo han aplicado la mayoría de investigaciones en el ámbito escolar (Samper Hernández, 2009; Prado y Galloso, 2008; Samper Padilla et al., 2019; Martí Contreras, 2024).

Tabla 1. Distribución de la muestra en cada nivel educativo (3.º y 6.º)

Sexo/género		Lengua habitual		Nivel sociocultural				Residencia		Tipo de centro
Niño	Niña	Cast.	Val.	Bajo	Medio-bajo	Medio-alto	Alto	Ciudad	Á. metr.	Público
50	50	50	50	12	30	40	18	51	49	100

3.3. Criterios de edición del corpus

El material léxico recabado en la encuesta de disponibilidad se ha sometido a un delicado proceso de estandarización o lematización. Cualquier trabajo de tales características requiere una reflexión previa acerca de la presentación final del corpus de trabajo, y conocer dichas consideraciones, pausadas y consensuadas, es esencial para lograr el objetivo común de descripción y comparación con otras investigaciones similares.

6. Trabajar con una muestra preestratificada y contar con un número idéntico de encuestados en las variables de análisis permite la comparación directa y rigurosa entre los grupos.

En este sentido, el PPHLD ha ido reajustando sus planteamientos y criterios al compás de los diferentes Encuentros Internacionales de Disponibilidad Léxica[7] y las recientes Jornadas Internacionales de Disponibilidad Léxica (Salamanca 2016, Lleida 2019 y Málaga, 2023). Mientras que las primeras reuniones científicas se organizaron para llegar a acuerdos metodológicos y aplicarlos en todos los estudios panhispánicos, actualmente se conciben como un punto de encuentro donde los investigadores pueden compartir y comparar tanto sus resultados como las diferentes aplicaciones multidisciplinares que tienen este tipo de estudios, así como atraer a nuevos miembros y compartir innovaciones.

A modo de síntesis, el proceso de homogeneización de resultados se ha realizado de la manera siguiente: se ha guardado una primera versión con los datos iniciales, tal y como los han proporcionado los participantes, con objeto de no perder información de gran interés para realizar valoraciones de índole ortográfica o dialectal sobre transferencias o préstamos léxicos, cuestiones de género, etc. La otra versión, homogeneizada y limpia de particularismos, busca conseguir la estandarización de los materiales léxicos según las pautas consensuadas en el proyecto panhispánico. Esta última versión es la que se ha utilizado para la edición de los diccionarios de léxico disponible (véase el apartado 7 «Diccionarios») y la que permitirá su cotejo con los de niveles educativos similares y diferentes zonas geográficas. Finalmente, se ha priorizado respetar fielmente las respuestas facilitadas por los escolares, procurando perder la menor información posible en el proceso de lematización, aunque ello implica reagrupar todas las formas diferentes de un mismo vocablo y diferenciar aquellas formas homógrafas que responden a vocablos diferentes.

En definitiva, esta monografía participa de los criterios teóricos y metodológicos del mencionado proyecto panhispánico,

7. Uno de los objetivos prioritarios en estos encuentros científicos ha sido el de adoptar unos criterios comunes para la edición de los materiales léxicos que posibilitasen la confrontación entre resultados de distintas zonas geográficas o países. El I Encuentro Internacional de Disponibilidad Léxica se celebró en Bilbao en 1999, posteriormente el II Encuentro Internacional de Disponibilidad Léxica y también la tercera edición en San Millán de la Cogolla en 2003 y 2005, respectivamente, y el IV Encuentro Internacional de Disponibilidad Léxica tuvo lugar en Salamanca en 2011.

pero en ocasiones se han tomado decisiones particulares motivadas, principalmente, por las decisiones de aportaciones anteriores en la misma etapa educativa y edad de los participantes (Prado y Galloso, 2008; Samper Hernández, 2009 y Jiménez Berrio, 2019).

3.3.1. Criterios generales

A continuación, las consideraciones que han protagonizado el proceso de estandarización de los materiales léxicos. Asimismo, no hay que olvidar que su aplicación se ha llevado a cabo de igual modo en los repertorios generados por los escolares de tercero y sexto cursos. Son las siguientes:

▸ Eliminación de términos repetidos en un mismo informante y centro de interés.
▸ Corrección ortográfica, aunque en los inventarios iniciales se han guardado todas las anomalías gráficas para posteriores estudios.
▸ Unificación ortográfica. Ante los casos en los que se admiten varias grafías para una misma palabra se ha optado por la variante que ha obtenido mayor presencia en las encuestas (*magdalena-madalena* → *madalena*; *mahonesa-mayonesa* → *mayonesa*; *kiwi-kivi* → *kiwi*).
▸ Los extranjerismos o voces de otras lenguas adoptan la grafía recomendada por la RAE o mantienen su forma original; del inglés *body, leggings, piercing; fondue* del francés; o *bufeta, cosí, rabosa* del catalán.[8]
▸ Neutralización de variantes meramente flexivas (*andar-andando* → *andando*; *león-leona* → *león*). Asimismo, en el caso de unidades en las que el DRAE acepta la forma plural con el mismo valor que en singular se ha tenido en cuenta la producción de los escolares para determinar su elección (*braga-bragas* → *braga*; *gafa-gafas* → *gafas*; *tijera-tijeras* → *tijeras*). En cuanto al género, si se presentan las dos variantes, se ha seleccionado la forma no marcada *profesor-profesora* → *profesor*; *vendedora-vendedor* →*vendedor*.

---

8. El hecho de mantener los términos extranjeros y sus correspondientes adaptaciones no solo permitirá constatar su vitalidad, sino también observar, en futuros análisis y a través de las variables sociales, los escolares que las evocan.

- ▶ Unificación de diminutivos, aumentativos y derivativos (*flor-florecita* → *flor*; *perro-perrito* → *perro*), siempre y cuando no supongan variación de significado (*carro-carroza-carreta*; *empanada-empanadilla*; *mesa-mesita*; *tanque-tanqueta*).
- ▶ Uso del paréntesis. En ocasiones, las entradas léxicas se han presentado en su forma plena o con reducción de alguno de sus elementos *bici(cleta)*, *(auto)bús*, *tele(visión)*, *rotu(lador)*, o los casos de *columna (vertebral)*, *(oso) panda*.
- ▶ Marcas comerciales. Se han aceptado todas bajo la forma de letra minúscula.[9]
- ▶ Eliminación de los artículos al comienzo de cada entrada, aunque son muy escasos. No obstante, se mantienen para determinar el núcleo de un sintagma nominal con exactitud, como, por ejemplo, *la reina* y *el rey*, *el juego de la vida*.

3.3.2. Criterios específicos

Esta información resulta crucial para entender cómo se han resuelto los problemas particulares en cada centro de interés.

01. Partes del cuerpo

Como ya han avanzado otros investigadores, este es uno de los CCII que presenta menor grado de dispersión o variedad de vocablos debido, quizás, a su concreción semántica y perfil «científico». Este hecho se acrecienta en nuestro estudio al tratarse de estudiantes de la escuela primaria, inmersos en un proceso de formación que continuará obligatoriamente hasta los 16 años en otra etapa educativa.

Este repertorio presenta abundantes formas en plural, justificables por la duplicidad y simetría del cuerpo humano, por ejemplo, extremidades (*brazos, piernas, manos*), órganos (*ojos, pulmones, testículos*) o por la multiplicidad de elementos (*costillas, dedos, uñas*). Todos estos casos se han unificado en singular. También en las combinaciones como *dedo de la mano, dedo del pie, raíz de pelo*.

En cuanto al uso del paréntesis, este se emplea para unificar variantes (*columna/columna vertebral* → *columna (vertebral)*. Los

---

9. Samper Hernández (2009, p. 65) así lo aplica; mientras que Prado y Galloso (2008) y Jiménez Berrio (2019) anotan la inicial con mayúscula.

derivados, si vienen recogidos como tales en el DRAE, se han mantenido (*barbilla, espinilla*) al igual que distintas formas que designan de forma sinonímica la misma realidad, pero con palabras propias de otros registros más o menos formales (*culo, pata, teta*). Asimismo, se han conservado los eufemismos como *trasero, cola* y disfemismos como *huevo*.

Por último, se manifiestan numerosas transferencias o préstamos del catalán, lo que da lugar en las listas a dos entradas o unidades léxicas que designan la misma realidad (parejas): *cráneo/crani, cabeza/cap, codo/colze, hígado/fetge, pene/penis, pie/peu, vejiga/bufeta*.

02. La ropa

El léxico de esta categoría nocional se refiere tanto a prendas de vestir (*blusa, camisa, pantalón*) como a ropa interior (*braga, calzoncillo, sostén*), ropa de deporte (*calentador, chándal, culote*), calzado (*bota, bota de fútbol, zapato, zapatilla*) y accesorios o complementos (*bolso, cinturón, collar, pendiente*). También están presentes nombres genéricos (*ropa interior, ropa de verano, ropa de invierno*), piezas concretas del vestuario y del calzado (*manga, tacón, tirante*) y materiales de confección (*lana, felpa, pelaje, pelo*).

El uso del paréntesis no ha sido necesario pues no se han presentado variaciones, tan habituales en estudios de otras franjas etarias, en las entradas *vaquero, camiseta corta, pantalón corto, braga de cuello*. En cuanto a los diminutivos y aumentativos, solo se han mantenido los lexicalizados (*camiseta, chaquetón*). Respecto a la variación de género, se distinguen las formas *calzón/calza, gorro/gorra, bolso/bolsa*, puesto que designan prendas diferentes, al menos en España.

En cuanto a las marcas comerciales, y frente a otros investigadores, se incluyen todos los vocablos referentes a marcas de ropa o calzado (*adidas, blue banana, converse, nike*) o establecimientos comerciales (*bershka, h & m, pull and bear, zara*).

Por último, los extranjerismos pertenecen en su mayoría a la voz inglesa (*body, leggings, short, panty*) y únicamente se manifiesta el término catalán *samarreta* cuya pareja en español (*camiseta*) ha obtenido valores más elevados.

03. La casa

Una característica de este centro de interés, frente a los dos anteriores, es la amplitud de las relaciones asociativas que genera. En este sentido se ha preferido mantener esta particularidad conservando todos los vocablos aportados en relación con tipos de vivienda (*castillo, hotel, mansión, palacio*), espacios externos a ella (*corral, jardín, patio*), elementos de la estructura (*ascensor, escalera, planta*), materiales de construcción (*cable, ladrillo, tubería, reja*), además de muebles (*armario, cama, sofá*), elementos de saneamiento (*bañera, ducha, grifo*) o auxiliares (*cojín, lámpara, mesita*) y de decoración (*alfombra, espejo, reloj*). También los casos de derivados si designan una realidad diferente (*casa/caseta, mesa/mesita, sala/salita/salón*).

Por otra parte, el paréntesis solo aparece en *tele(visión)* y la lista de extranjerismos es corta: en inglés (*hall, jacuzzi, living*) y en lengua catalana (*armari, menjador, pica*).

04. Muebles de la casa

Al igual que en *La casa* el repertorio disponible presenta cierta dispersión al recoger términos que no solo evocan el mobiliario, sino que mencionan otras realidades presentes en el hogar como, por ejemplo, electrodomésticos (*frigorífico, lavadora, tele(visión)*), complementos de decoración (*flor, espejo, reloj*) o elementos auxiliares (*cesto, foco, red*). De hecho, muchos de estos términos también aparecen en el estímulo anterior.

En relación con los diminutivos y aumentativos lexicalizados, se han respetado todos (*mesilla, mesita, sillón*), así como los compuestos sintagmáticos (*lavamanos, lavavajillas, friegaplatos*) y la creación léxica de los niños y niñas de sexto curso *guardazapatos*.[10]

Una decisión interesante ha sido la de mantener vocablos como *sala de juego, sala de jugar, cuarto de juegos, zona de juego*, y también *cuarto de trastos/trastero*, ya que pueden aportar información relevante acerca del proceso de adquisición de vocabulario en niños y niñas. También destaca la evocación de términos relacionados con novedades tecnológicas (*alexa, conga, rumba*) y aparatos de cocina (*thermomix*).

En cuanto a la presencia de extranjerismos, se presentan *cadira* y *pica* con sus respectivos pares en español *silla* y *pila*, los

10. También inventariada en Prado y Galloso (2008, p. 41).

cuales presentan mayor IDL, junto a los términos *air fryer, tablet* y *wifi.*

05. Alimentos y bebidas
Se trata de uno de los CCII que mayor número de palabras y vocablos recoge en los estudios de disponibilidad. Otro aspecto destacable de su naturaleza es que también presenta el mayor número de marcas comerciales, tanto en el bloque de alimentos (*cola cao, nocilla, nutella, petit suisse*) como en el de bebidas (*aquarius, coca cola, fanta, nestea, red bull*), pero solo una alcohólica (*blue lavel*) y una sigla, *kfc.* Además, son habituales las metonimias (*actimel, donut, choleck, chupa chup*).

La presencia de derivados diminutivos sigue el procedimiento habitual en las parejas de términos lexicalizados (*calabaza/calabacín, cebolla/cebollín, ensalada/ensaladilla, pepino/pepinillo*) o los casos de *mantequilla, palomitas, puntilla, rosquilla.* Asimismo, se mantiene el término genérico junto al específico (*arroz, arroz a la cubana, arroz blanco, arroz marinero* o *jamón, jamón dulce, jamón york, jamón serrano*).

En cuanto a las voces extranjeras se presentan distintas lenguas (*brownie, chip, fondue, hot dog, ravioli, tortellini*) y en el caso concreto del catalán, junto a sus respectivos pares, *llonganissa/longaniza, lluç/merluza, poma/manzana* o únicamente la voz catalana en *coca, coca en sal* y *llobarro* (*lubina*).

06. La escuela
Seguramente, el hecho de realizar la prueba en dicho lugar y que no se haya realizado ninguna observación o restricción sobre este ámbito nocional ha favorecido que sus resultados sean de los más abultados. Los alumnos han evocado términos relacionados con materiales escolares (*colores, lápiz, pegamento*), asignaturas (*castellano, matemáticas, valenciano*), personas (*alumno, director, monitor*), dependencias del centro (*aula, sala de profe(sor), vestuario*) o zonas exteriores (*casita, huerto, parking*). También palabras referidas al quehacer diario como estudiantes (*examen, ficha*), técnicas y contenidos aprendidos (*abecedario, aprendizaje, proyecto*), mobiliario (*estantería, mesa, silla*) o aquello que observan en su entorno de aula (*basura, calendario, mapa*).

El uso del paréntesis ha sido necesario en contadas ocasiones para las formas simples *boli(grafo), rotu(lador), profe(sor).* Por otra parte, los compuestos sintagmáticos se recogen como entradas independientes: *aula de castellano, aula de inglés, balón de fútbol, balón de baloncesto.*

En cuanto a la forma de plural, se mantiene *apuntes,* dado que la Academia marca con dicho número la acepción que se refiere al «extracto de las explicaciones de un profesor que toman los alumnos para sí...», y *deberes,* pues el DEA alude a dicha forma «los ejercicios o tareas que un niño ha de realizar fuera de clase, como complemento de lo explicado en ella». También los plurales de compuestos sintagmáticos lexicalizados como *sacapuntas, portaminas.* El caso de marcas comerciales, por su parte, se refiere a papelería y material de escritorio: *plastidecor, manley, tipp-ex.*[11] Por último, se observan algunos extranjerismos (*ipad, lettering*), pero sobre todo del catalán (*aula de valencià, medi, menjador, projecte*).

07. La ciudad

Se trata de uno de los estímulos que atesora mayor entramado de relaciones asociativas y, por tanto, mayor riqueza y amplitud de vocablos. De hecho, con objeto de no influir en la selección de términos que se consideran propios de este ámbito semántico de los que no, se han mantenido todas las entradas. Por ejemplo, hay muchos nombres propios como topónimos (*Barcelona, Madrid, Museros, Rafelbunyol*), accidentes geográficos (*Montdúver, Puigcampana*), monumentos internacionales (*Big Ben, Torre Eiffel*) o términos relacionados con el deporte de la ciudad de Valencia (*Levante, Mestalla*). Incluso vocablos algo alejados de esta realidad, como *espantapájaros, medusa, girasol* o *sierra.*

Por otro lado, los centros comerciales representan un bloque considerable (*aqua, bonaire, saler*) junto a nombres de establecimientos comerciales relacionados con la alimentación (*aldi, mercadona, consum*), la restauración (*burguer king, mcdonald's, kfc*), incluso marcas deportivas (*adidas, joma, nike*) y de automóviles (*ferrari*). También se mantienen los derivados lexicalizados como *callejón, casita, caseta* o *mercadillo.*

11. Esta última, transcrita según la marca original y en minúscula, como Samper Hernández (2009, p. 86).

Por último, el uso del paréntesis sigue la pauta recomendada: *(auto)bús, cole(gio), zoo(lógico)*, pero en esta ocasión resulta escaso. Tampoco son muchos los vocablos procedentes de otras lenguas, destacan del catalán *ajuntament* y *mercat*.

08. El campo

Al igual que en el caso anterior, este centro de interés recrea un amplio abanico de asociaciones entre sus unidades y sus resultados, muy elevados en el total de palabras y vocablos, lo sitúan en las primeras posiciones del conjunto de CCII. Su gran repertorio disponible atiende diferentes áreas semánticas como, por ejemplo, accidentes geográficos (*barranco, lago, río*), animales (*conejo, hormiga, serpiente*), construcciones (*cabaña, chalet, hotel*), frutos (*patata, piña, trigo*), plantas (*girasol, hierbabuena, zarzal*), fruto y planta (*espárrago-esparraguera, tomate-tomatera*), árboles (*olivera, olivo, pino*), vehículos (*camión, coche, tractor*), profesiones (*cultivador, granjero, talador*) y herramientas (*azada, martillo, pala*). Incluso se presentan sustantivos abstractos (*alegría, emoción, libertad*), sustantivo + adjetivo (*aire puro, aire libre, planta aromática, planta carnívora*) y algunas formas verbales (*plantar, regar, respirar*).

Respecto a la flexión del género, se mantienen por su especificidad semántica las parejas de términos con oposición (*almendro-almendra, cerezo-cereza, huerta-huerto, naranjo/naranja*) y se mantiene la oposición genérica en parejas de animales como *lagarto-lagartija, gallo-gallina, mosca-mosquito-moscardón*. Por otra parte, se ha conservado el plural en los compuestos sintagmáticos lexicalizados (*ciempiés, espantapájaros, saltamontes*).

También se presentan con entradas diferentes el término genérico y los específicos mediante construcciones sintagmáticas (*casa, casa abandonada, casa vieja*). Lo mismo ocurre con los compuestos sintagmáticos (*hierba, hierbabuena y mala hierba*).

Como viene siendo habitual, destaca la presencia de voces catalanas tanto en los casos en que se refieren a la misma realidad que la ya anotada en español (*gespa/césped, taronger/naranjo, riu/río, tossal/colina*) junto a aquellas realidades que solo se han aportado en catalán: *anou* (nuez), *casella* (casilla), *llenya* (leña).

09. Medios de transporte

Este estímulo recoge los términos relacionados con el transporte por tierra (*buggy, patinete, tuc-tuc*), mar (*balsa, nave, tabla de surf*) y aire (*caza, paracaídas*), los que precisan animales (*burro, mula, yegua*) junto a otros singulares, fruto de múltiples asociaciones y modalidades. Entre ellas se encuentran vehículos que no existen en la realidad (*coche mágico, coche volador*), partes de los vehículos o aparatos (*locomotora, rueda, vagón*), vías o canales por los que se producen los desplazamientos (*aire, altura, carretera, mar*).

Otra característica de este repertorio es la presencia de sintagmas preposicionales que pueden complementar a diferentes medios de transporte o maneras de viajar (*a bracito, al paso, a pie*) junto a un gran número de sustantivos que han sido actualizados con especificidades (*coche, coche antiguo, coche descapotable, coche híbrido; globo, globo aerostático*).

Por su parte, los casos de uso de paréntesis siguen el criterio general: (*auto*)*bús eléctrico*, (*lancha*) *motora, mercedes* (*benz*); y se señalan aquellas parejas de términos que definen realidades distintas (*barco/barca*) junto a las formas derivadas (*camioneta, carreta, patinete, tanqueta*). También se ha congregado gran número de marcas comerciales, sobre todo de coches (*bugatti, bmv, kia*) o de compañías del sector (*renfe, uber*).

Por último, ante las formas verbales anotadas en infinitivo o gerundio,[12] se adopta esta última (*andando, caminando, corriendo, nadando, saltando*). En el caso de extranjerismos, son abundantes los términos del inglés (*kart, quad, skate, snowboard*), y sorprende que, en esta ocasión, no se presenten del catalán.

10. Animales

En este centro de interés se recogen las voces del amplio mundo animal dando lugar a las más diversas especies: mamíferos (*ballena, becerro, camello*), reptiles (*cobra, culebra, lagartija*), marinos (*caballito de mar, delfín, morsa*), insectos (*cucaracha, mantis religiosa*), aves (*agapornis, loro, pelícano*). Incluso del ámbito prehistórico (*mamut, megalodón, triceraton*), mitológico (*minotauro, unicornio*) y humano (*humano, persona*). Otra cuestión interesante es que los escolares valencianos, al igual que los onubenses, no han anotado partes del cuerpo animal, aunque sí están presentes en el estudio de Samper Hernández, (2009, p. 100).

---

12. En estudios anteriores o bien se mantienen las dos formas no personales (Prado y Galloso, 2008, p. 49) o solo en infinitivo (Samper Hernández, 2009, p. 96).

La mayoría del inventario disponible se compone de lexías simples, aunque también se presentan algunas especificaciones mediante adjetivos como (*oso*) *pardo, oso americano, (oso) perezoso o pez araña, pez globo, pez payaso.* Asimismo, se presentan sintagmas preposicionales *dragón/dragón de Komodo, estrella/estrella de mar, perro/perro de raza peligrosa, tigre/tigre de Tasmania.*

La variación de género se ha unificado a favor del masculino, a excepción de los casos en que el DRAE los recoge con distintas entradas (*palomo/paloma, caballo/caballa*), en caso de heteronimia (*toro/vaca, caballo/yegua*) o de noción (*gallo/gallina*). También se señalan las formas derivadas lexicalizadas (*abeja/abejorro, lagarto/lagartija, mosca, mosquito, pollo/pollito*) junto a *periquito.*

Por último, las formas en plural se refieren a compuestos sintagmáticos lexicalizados (*corrematas, saltamontes*). En cuanto a la presencia de extranjerismos en los listados, solo aparecen en catalán (*mejillón/clòtxina* y *zorro/rabosa*).

11. Juegos y aficiones

Como en estudios anteriores, esta es una categoría donde aparecen respuestas bastante heterogéneas y difusas en función de los intereses y aficiones de los participantes, así como por la gran cantidad de marcas comerciales.

La primera característica es la opción, muy marcada, de la tecnología, especialmente de los videojuegos y consolas. Si bien Samper Hernández (2009, p. 103), al realizar su encuesta, advirtió que no interesaban los nombres de juegos de ordenador, esta no ha sido nuestra decisión, y por ello se presenta gran cantidad de entradas de juegos como *animal crossing, candy crush, fifa, fornite, minecraft*; o de consolas como *nintendo, play (station)*. Incluso se recogen multitud de respuestas del ámbito de las TIC como *instagram, tik tok, whatsapp, youtube.*

Otra novedad es que abundan las formas verbales en infinitivo (*animar, cantar, correr*) y también complementadas mediante preposiciones (*ir de compras, montar a caballo*). También se dan formas no personales (*ahorcado, congelado, infectado*), así como frases con verbos en forma personal (*ahora caigo, atrapa un millón, pilla pilla*).

Por otro lado, se recogen vocablos compuestos, bien a través de aposiciones (*piedra, papel o tijera, ni sí ni no, serpiente y escalera*), o adjetivos (*pelota sentada, pelota valenciana, polilla tramposa*) o preposiciones (*batalla de genios, tres en raya, zapatilla por detrás*) o especificando el núcleo nominal para concretar el significado (*juego de letras, juego de mesa, juego de móvil*).

Respecto al uso del paréntesis sigue la pauta general, así como la forma en singular; aunque se ha conservado el plural en casos como *bolos, cartas, cromos*, y en los compuestos sintagmáticos lexicalizados (*comecocos, rompecabezas, videojuegos*).

Como viene siendo habitual, destaca la presencia de marcas comerciales (*barbie, monopoly, nancy, playmobil*) de voces inglesas (*basketball, game, party*) y también catalanas (*culet, raspall, sambori*).

12. Profesiones y oficios

En este repertorio disponible tienen cabida, además de las profesiones y oficios, desde las más tradicionales y artesanales (*bombero, carpintero, pescatero, policía*) hasta las relacionadas con el deporte (*ciclista, gimnasta, futbolista*), el espectáculo (*actor, bailarín, humorista*), la política (*político, presidente, rey*), las finanzas (*accionista, banquero, empresario*), la música (*cantante, músico, guitarrista*), la sanidad (*doctor, enfermero, urólogo*), la tecnología (*bloguer, creador de videojuegos, informático*) o la comunicación (*influencer, instagramer, youtuber*).

También los lugares donde se desempeña (*colegio, hospital, tienda*), las acciones habituales que implica (*bailar, pescar, vender*), los sustantivos correspondientes (*agricultura, limpieza, música*) y un largo etcétera de términos difíciles de clasificar en campos semánticos (*brujo, hada de los dientes, pistolero, ser famoso, superhéroe*). En relación con el uso del paréntesis se sigue la pauta general: *fisio(terapeuta), profe(sor), (vendedor) ambulante*.

En cuanto a la flexión de género, se han unificado las variantes a la forma neutra, si bien aquellos casos en que solo se ha aportado la forma femenina esta se ha mantenido (*azafata*). En el caso del plural, solo se conserva en los compuestos lexicalizados (*guardabosques, guardaespaldas*), y en complementos preposicionales genéricos (*creador de videojuegos, jefe de estudios, recaudador de impuestos*). Asimismo, las marcas solo se presentan en establecimientos comerciales (*dia, carrefour, lidl, mercadona*).

Por otra parte, aunque la mayoría de los vocablos son formas simples, se manifiestan construcciones con adjetivos o preposiciones para concretar profesiones más genéricas: *jugador de ba-*

loncesto, jugador de balonmano, jugador de colpbol, jugador de pádel. También se han conservado las formas derivadas creadas por los informantes (*patinero*) y se destaca la presencia de tres vocablos para designar el mismo concepto, pero con lexema diferente: *baloncestista, basquetbolista, jugador de baloncesto*).

Por último, se actualizan bastantes términos foráneos, especialmente del catalán (*fuster, menjador, treballador social*) junto a voces inglesas (*gamer, streamer*) o siglas *dj* y *swat*.

13. Familia

Se trata de un centro de reciente incorporación al estudio de la disponibilidad y las escasas investigaciones que lo contemplan se incardinan en la población infantil (Jiménez Berrio, 2019; Paiz Contreras, 2019; Quintanilla y Peña, 2024). Además, este estímulo, junto a *colores* y *cuerpo*, ha resultado ser de los más compactos, es decir, alto nivel de coincidencia en las respuestas.

El proceso de lematización ha consistido en la neutralización de variantes meramente flexivas (*abuelo/a/os/as, hijo/a/os/as, primo/a/os/as*) adoptando las soluciones *abuelo, hijo, primo*. Cabe señalar que algunos de los vocablos fueron actualizados con adjetivos especificadores (*hijo adoptivo, primo segundo, tío lejano*) y otros con nombres de parentesco (*primo hermano, tío abuelo, tío bisabuelo*).

Por otro lado, destacan los términos abstractos en sentido positivo (*alegría, amistad, emoción, felicidad*) y otros términos de connotaciones negativas (*burla, enfado, enojo, llorar*). Asimismo, el componente afectivo y emocional se manifiesta a través de respuestas positivas (*amar, ayudar, compañía, beso*) y negativas (*ignorar, furia, odio, maltratar*). Por último, también están presentes las mascotas (*gato, pájaro, perro, tortuga*).

Respecto a las voces de otras lenguas únicamente encontramos dos catalanismos con sus correspondientes vocablos en español (*cosí/primo, neboda/sobrino*), esta última forma la hemos mantenido en femenino porque solo se ha mencionado en este género.

14. Tecnología

Esta categoría ya cuenta con cierta presencia en los estudios de disponibilidad. Si bien se ha abordado recientemente en niveles educativos superiores (Ávila y Santos, 2019; Gómez-Devís y Herranz-Llácer, 2024; Salcedo *et al.*, 2022; Tomé, 2016), en el caso de estudiantes de primaria esta puede considerarse una contribución pionera a nivel nacional.

Como ya se avanzó en el área nocional dedicada a los juegos, la población escolar valenciana ha organizado los materiales léxicos en torno a conceptos clave del ámbito tecnológico (*app, blog, chip, internet, virus, web*), elementos o instrumentos esenciales para su uso (*cable, cascos, ratón, rúter, teclado, usb*), términos que comparten base léxica (*tecnológico, tecnólogo*), plataformas orientadas a las redes sociales (*facebook, instagram, tinder, tik tok, x*), a las compras (*amazon, shein, temu, vinted*), musicales (*spotify*), audiovisuales (*disney, netflix*) o al ámbito educativo (*duolingo, lliurex*).

También se encuentran vocablos relacionados con el ocio y marcas de videoconsolas (*nintendo, play (station), switch, wii, x box*) junto a marcas comerciales de aparatos tecnológicos (*apple, huawei, mac, nokia, samsung, xiaomi*).

Las palabras extranjeras se limitan a *videojoc, air fryer, tablet* y *wifi*.

15. Colores

Las unidades que designan colores son, en general, sustantivos o combinaciones de sustantivo + sustantivo (*marrón café/marrón/café, verde menta/verde/menta, verde esmeralda/verde/esmeralda*) y sustantivo + adjetivo, aunque en ocasiones estos adjetivos también aparecen de manera aislada (*amarillo dorado/dorado, azul cielo/cielo, azul fosforito/fosforito, violeta oscuro/oscuro*).

Por otra parte, se recogen vocablos asociados al color del ente (*hierba, hueso, leche, planta*) y lexías con el sufijo *-oso* (*azuloso, verdoso*), así como unidades de la misma familia léxica (*bronce-bronceado, metálico-metalizado, plata-plateado*) También encontramos un caso de aumentativo en el complemento adjetival (*amarillo chillón, azul chillón, rosa chillón*). Incluso matizaciones alejadas de los modelos clásicos (*algodón, débil, fuerte, nuclear, oceánico, polo*).

En cuanto a los extranjerismos destacan dos lexías catalanas junto a sus pares en español (*blau/azul, roig/rojo*), pero únicamente en el subgrupo de escolares de tercero.

Análisis y discusión de resultados

Si bien los datos generados por esta investigación pueden considerarse por sí solos de una importancia relativa, pues únicamente estudian el léxico disponible en dos niveles (tercero y sexto) de los 6 que componen la educación primaria y que, como ya se mencionó anteriormente, algunos de los centros de interés observados no son los habituales del proyecto panhispánico, contribuyen de modo palmario al descubrimiento de ciertas regularidades y valiosos contrastes del caudal léxico de los escolares en distintos niveles educativos y áreas geográficas hispanohablantes. Para ello se ofrece y analiza el repertorio de términos que los alumnos han sido capaces de actualizar al tratar un tema determinado, en la prueba asociativa o test de disponibilidad, detallando algunos aspectos cuantitativos y cualitativos que caracterizan dicho léxico. También se busca, siempre que sea posible, cotejar los resultados con otros trabajos similares: especialmente para tercero se tomará la investigación de Samper Hernández (2009), que contempla 17 CCII con una muestra de 80 escolares y la de Prado y Galloso (2008) en sexto, con 16 ámbitos léxicos y 220 participantes.

4.1. Datos cuantitativos

Una primera aproximación debe ofrecer los datos globales, aunque tales cifras sean poco reveladoras en posteriores comparaciones, especialmente cuando la distribución de la muestra de participantes o los centros de interés seleccionados no coinciden. Esta situación se agrava cuando se agrupan los resultados de distintos niveles educativos con el propósito de favorecer una mirada, lo más amplia posible, de la evolución o particularidades del léxico disponible en función de determinadas variables de la investigación. En nuestro caso, sin embargo, se ha valorado la ventaja que proporciona el detalle de los datos generales al perfilar la evolución del léxico disponible en el ecuador y final de la etapa de educación primaria (6-12 años).[13]

Así, la tabla 2 presenta el número total de respuestas léxicas (NP) aportadas por los niños y niñas de las escuelas públicas de Valencia y área metropolitana; el total de palabras diferentes o vocablos (NPD); el promedio de respuestas o palabras producidas por cada estudiante (XR), resultado de dividir el total de palabras entre el número de informantes encuestados (100 en cada nivel educativo); y el promedio de vocablos por cada centro de interés, resultado de dividir el número total de palabras entre los 15 CCII.

Tabla 2. Datos globales del análisis cuantitativo del léxico disponible

Nivel educativo	Tot. palabras (NP)	Tot. vocabloss (NPD)	Prom. palabras estudiante (XR)	Prom. voc. centro
3.º EP	13164	2153	131,64	143,53
6.º EP	22611	3476	226,11	231,73

Fuente: elaboración propia.

Tras estos datos tan previsibles, se confirma la superioridad en todos los casos de los escolares de mayor nivel educativo y surge la idea de que, como es natural, las cifras no se distribuyen de manera equitativa entre los 15 CCII, sino que varían notablemente de unos a otros.

A continuación, la tabla 3 desgrana los parámetros anteriores especificando el nivel educativo y CCII. Se ha incorporado, además, el índice de cohesión, cuya función es averiguar el mayor o menor grado de coincidencia en las respuestas de los estudiantes

13. Aunque se han indicado las variables sociológicas de los escolares que conforman la muestra del estudio (sexo/género, lengua habitual, nivel sociocultural y residencia), no se van a tener en cuenta en este estudio. Su consideración se desarrollará en trabajos posteriores.

en cada estímulo: cuanto más se acerque su valor a 1, mayor grado de afinidad.[14]

Tabla 3. Resultados cuantitativos del léxico disponible según CCII y nivel educativo

CCII	NP		NPD		XR		IC	
	3.º EP	6.º EP	3.º EP	6.º EP	3.º EP	6.º EP	3.º EP	6.º EP
Cuerpo	862	1655	102	163	8,6	16,55	.08	.09
Ropa	813	1459	103	150	8,1	14,57	.07	.08
Casa	629	1147	115	159	6,3	11,47	.05	.06
Muebles	743	1162	106	158	7,4	11,66	.06	.06
Alimentos	1244	2130	218	343	12,4	21,29	.05	.05
Escuela	1243	1930	179	322	11,4	19,3	.06	.05
Ciudad	854	1593	227	347	8,5	15,93	.03	.04
Campo	822	1518	207	363	8,2	15.8	.03	.04
M. transp.	785	1325	85	136	7,8	13,25	.07	.08
Animales	1241	1970	162	229	12,4	19,7	.07	.08
Juegos	659	1176	231	300	6,6	11,76	.02	.03
Profesiones	689	1391	184	284	6.9	13,91	.03	.04
Familia	888	1150	56	136	8.8	11,5	.10	.07
Tecnología	578	1210	110	198	5,7	12,1	.04	.05
Colores	1114	1795	66	185	11,4	17,95	.10	.09

Fuente: elaboración propia

Iniciamos el comentario enumerando aquellos centros que han manifestado mayor cantidad de palabras (NP) en ambos niveles de primaria. Son, en orden decreciente: *Alimentos* (3374), *Animales* (3211), *La escuela* (3173), *Colores* (2909), *Partes del cuerpo* (2517), *La ciudad* (2447), *El campo* (2340), *La ropa* (2272), *Medios de transporte* (2110), *Profesiones y oficios* (2080), *Familia* (2038), *Muebles* (1905), *Juegos y aficiones* (1835), *Tecnología* (1788) y *La casa* (1776). Al observar el detalle en cada nivel educativo (gráfico 1), los rangos de estos estímulos siguen la tónica general: entre

14. Esta fórmula ya se ha comentado en anteriores apartados; ahora es relevante destacar su utilidad en relación con las características de los CCII: la dicotomía entre estímulos abiertos o difusos y cerrados o compactos se cuantifica bajo el valor 1 siempre y cuando todos los sujetos den en sus respuestas las mismas palabras.

los que mayor cantidad de palabras atesoran: *Alimentos, Animales, Escuela y Colores;* mientras que los menos productivos: *Medios de transporte, Muebles de la casa, Juegos, Tecnología y La casa.* Sin embargo, sorprende la diferencia de rango de *Familia* en tercero (5) y sexto (14).

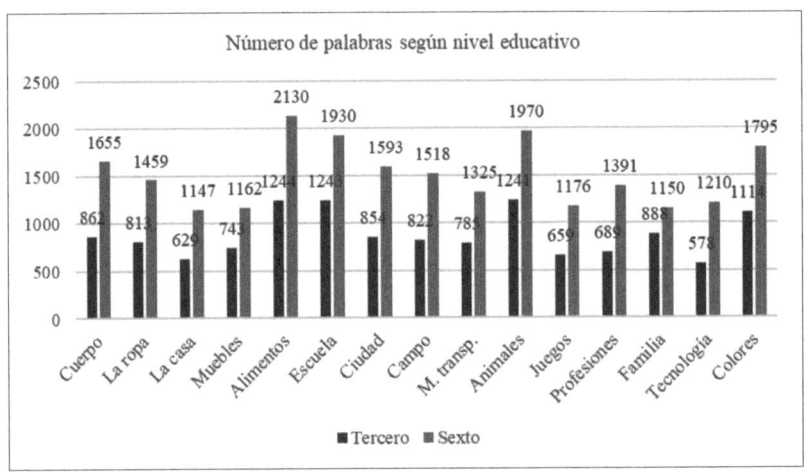

Gráfico 1 Número de palabras en cada CCII según nivel educativo.

Con el propósito de cotejar, en la medida de lo posible, nuestros resultados con otros similares, nos centraremos, a sabiendas de la dificultad o sesgo que ello supone, en aquellos parámetros que mejores condiciones nos ofrecen. Así, en el caso de los escolares grancanarios de tercer curso (Samper Hernández, 2009, p. 153) se señalan, en orden decreciente, como más productivos *Animales, Alimentos, Escuela, Cuerpo y Colores*, mientras que en las últimas posiciones destacan *Medios de transporte, Profesiones, Casa y Juegos.* Los estudiantes de sexto de Huelva, por su parte, presentan en las primeras posiciones *Animales, Escuela, Alimentos, Cuerpo y Ciudad*, mientras que *Juegos, Medios de transporte, Casa, Profesiones y Muebles* se sitúan en la cola (Prado y Galloso, 2008, pp. 58-59).

En relación con el número de vocablos o palabras diferentes (NPD) (tabla 3), se aprecia que no hay una correspondencia entre los estímulos con mayor número de palabras producidas –o sea, mayor disponibilidad léxica– y palabras diferentes. Dicha semejanza solo sería posible en el caso de que los encuestados coincidieran en la cantidad y calidad de sus respuestas, cosa que no suele suceder. Asimismo, los CCII que mayor o menor cantidad de vocablos incluyen en sus repertorios coinciden en su mayoría en los dos niveles educativos, aunque con cifras distintas. En el caso de los estudiantes de sexto, superan la cifra de trescientas palabras diferentes *Campo, Ciudad, Alimentos, Juegos, Ciudad, Escuela*, y con menos de 150 vocablos *Ropa, Medios de transporte* y *Familia*. Por su parte, los de tercer curso consiguen doscientas o más palabras diferentes en *Juegos, Ciudad, Alimentos* y *Campo*, pero acumulan menos de cien en *Medios de transporte, Colores* y *Familia*.

Al comparar nuestros datos de tercero con los resultados grancanarios (Samper Hernández, 2009, p. 169), estos presentan valores más elevados en *El campo, Profesiones, La ciudad, Alimentos* y *Juegos*, y en últimas posiciones *La casa, La ropa, Colores* y *Medios de transporte*. Por su parte, los escolares onubenses de sexto (Prado y Galloso, 2008, pp. 58-59) ofrecen *Campo, Ciudad, Juegos, Profesiones* y *Escuela* como mejor posicionados, mientras que *Ropa, Cuerpo, Muebles* y *Medios de transporte* quedan en la cola.

Una vez comentados los resultados con relación al total de palabras y vocablos, y tras conocer lo ocurrido en otros trabajos similares, es posible establecer que no se cumple la regla de a mayor número de respuestas en un centro de interés, mayor número de palabras diferentes. La razón está relacionada con la naturaleza de los centros de interés y la tarea asociativa pues, aunque no hay que olvidar que se trata de niños en las etapas iniciales de adquisición, algunos estímulos poseen una cantidad de léxico mejor delimitado o más fácilmente evocable por todos los participantes: *Medios de transporte, Familia* y *Colores* frente a *Ciudad, Campo* o *Alimentos*, por ejemplo.

A modo de conclusión, se puede insistir en la condición universal de la productividad de los centros de interés, cuya mayor o menor efectividad en lo concerniente al número de respuestas anotadas, bien palabras o vocablos, coincide, en mayor o menor grado, con los innumerables estudios de DL. En otras palabras, se trata de una característica que no se ve afectada, en principio, ni por la edad ni por el nivel educativo de los participantes.

Pasamos ahora a otro aspecto que merece especial atención: descubrir qué estímulos atesoran mayor riqueza léxica a partir del promedio de palabras por informante. Para algunos investigadores este dato resulta mucho más útil que el número de palabras diferentes, ya que los promedios no son fácilmente alterables por individuos atípicos. Tal como se mostraba en la tabla 3, el promedio de respuestas más elevado en el subgrupo de tercer curso corresponde, en orden decreciente, a los estímulos *Alimentos, Animales, Escuela* y *Colores*, y en la cola *Profesiones, Juegos, Casa* y *Tecnología*. En el nivel educativo de sexto, la lista no es muy diferente: en las primeras posiciones *Alimentos, Animales, Escuela, Cuerpo* y *Colores*, mientras que presentan menor productividad *Muebles, Familia, Casa* y *Juegos*.

La investigación grancanaria de tercero (Samper, 2009, p. 153) manifiesta, del mismo modo, mayor productividad en *Animales, Alimentos, Escuela, Colores* y, por el contrario, presenta valores inferiores en *La casa, Medios de transporte, Muebles* y *Juegos*. Asimismo, los alumnos de sexto de Huelva (Prado y Galloso, 2008, p. 60) poseen mayor riqueza léxica en *Animales, Escuela, Alimentos* y *Cuerpo*, y manifiestan menor productividad en *Juegos, Profesiones, Casa* y *Muebles*. También en esta ocasión se comprueba la semejanza de resultados entre los tres estudios.

Por último, para observar el grado de coincidencia o cohesión del léxico disponible y así conocer cuáles son más compactos o cerrados –aquellos centros que presentan mayor grado de coincidencia en las respuestas generadas– hay que señalar que la variable nivel educativo de los escolares no aporta grandes diferencias en los resultados: *Colores, Partes del cuerpo* y *Familia* son los más densos y compactos, puesto que obtienen mayor grado de coincidencia en las respuestas, y en la cola *Profesiones, Campo, Ciudad* y *Juegos*, que es el ámbito léxico más disperso o difuso. Por último, cabe destacar la evolución en *Familia*: si bien a los 8 años es junto a *Colores* el centro más cerrado, a los 12 años ya se encuentra en una posición intermedia.

Al comparar nuestros resultados con los de Gran Canaria y Huelva se sigue sin apreciar grandes diferencias. En el primero (Samper, 2009, p. 182), los campos semánticos que superan el 0,1 de cohesión (valores más altos) son *Colores, Ropa* y *Cuerpo*, y los que obtienen mayor grado de dispersión son *Ciudad* y *Campo*. En el caso de los onubenses (Prado y Galloso, 2008, p. 61), presentan mayor coincidencia en las respuestas *Partes del cuerpo, Animales, Ropa* y *Medios de transporte*, mientras que *Ciudad*,

Campo, Profesiones y *Juegos* se muestran más abiertos y menos compactos.

Otro aspecto interesante que no se puede obviar es la evolución según se asciende de nivel educativo y edad de los escolares. La tabla 4 se ocupa de este propósito ofreciendo los resultados de dicha progresión en cada centro de interés. Para obtener el porcentaje del incremento de la DL se ha calculado la diferencia entre los niveles educativos de acuerdo con el total de palabras (NP), vocablos (NPD) y promedio de respuestas por informante (XR), así como el rango de los distintos CCII según dichos parámetros. Cabe señalar que en esta ocasión no ha sido posible la comparación con otros estudios porque no se ha encontrado el necesario detalle de los datos.

Tabla 4. Porcentajes de la progresión de la disponibilidad léxica en total de palabras, palabras diferentes y promedio por informante

CCII	NP		NPD		XR	
	Rango	+ %	Rango	+ %	Rango	+ %
Partes cuerpo	3	47,9	7	37,4	4	48,0
La ropa	7	44,2	12	31,3	7	44,4
La casa	6	45,1	14	27,6	6	45,0
Muebles	13	36,0	11	32,9	13	36,7
Alimentos	9	41,6	8	36,4	9	41,7
Escuela	14	35,6	4	44,4	11	40,9
Ciudad	4	46,3	10	34,5	5	46,6
Campo	5	45,8	5	43,0	3	48,1
Medios de transp.	10	40,7	6	37,5	10	41,1
Animales	12	37,0	13	29,2	12	37,0
Juegos	8	43,9	15	23,0	8	43,8
Profesiones	2	50,4	9	35,2	2	50,4
Familia	15	22,7	2	58,8	15	23,4
Tecnología	1	52,2	3	44,4	1	52,9
Colores	11	37,9	1	64,3	14	36,4

Fuente: elaboración propia.

Toda esta información permite establecer una primera aproximación señalando aquellos centros que superan un incremento del 50 % en la evolución de tercero a sexto. En el caso del número de palabras aportadas (NP), superan dicha cifra *Tecnología* y *Profesiones*, y se posicionan entre el 40-50 % otros ocho, lo cual indica qué ámbitos léxicos crecen considerablemente frente a los que no lo hacen de forma tan evidente. Por otra parte, si atendemos a los vocablos o palabras diferentes (NPD), únicamente *Colores* y *Familia* han conseguido un incremento de más del 50 %, quedando entre el 40 y 50 % tres centros más (*Tecnología, Escuela* y *Campo*), lo que supone que en esta ocasión solo 5 CCII han logrado ampliar notablemente su repertorio. Por último, al observar el promedio de respuestas por estudiante (XR) obtenemos, en nuestra opinión, los datos más interesantes pues se aprecia que 11 de los 15 CCII han logrado un incremento exitoso: ofrecen más del 50 % *Tecnología* y *Profesiones*, y les siguen 9 con más del 40 %. Por su parte, los estímulos que manifiestan menor incremento de vocabulario disponible, por debajo del 37 %, son *Muebles, Colores* y *Familia*. El gráfico 2 se detiene en este último aspecto.

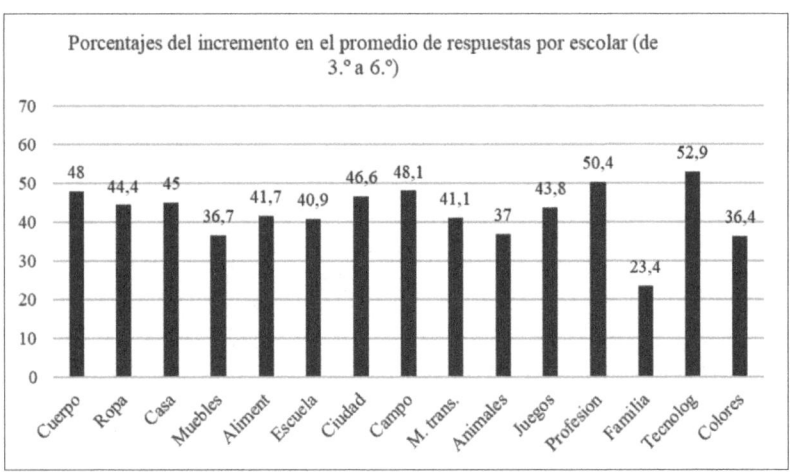

Gráfico 2. Porcentajes del incremento en el promedio de respuestas de los escolares.

4.2. Datos cualitativos

En esta sección nos ocupamos de la perspectiva cualitativa a partir del análisis que recoge la proporción de las unidades comunes y también las exclusivas en los dos grupos de contraste. El alcance de todos estos datos es más que evidente en numerosos aspectos dado que la etapa primaria puede considerarse como el inicio del proceso de enseñanza-aprendizaje del léxico en la modalidad de lengua escrita, lo cual va a proporcionar un cambio considerable en la riqueza, el alcance y control del vocabulario infantil. Así esta perspectiva supone un primer esbozo de la evolución, con cierto detalle del progreso o estancamiento, de los repertorios de léxico disponible.

En primer lugar, la tabla 5 muestra una aproximación global al total de vocablos inventariados en el ecuador, tercero, y final, sexto, de la etapa de educación primaria. Se ofrece el total de vocablos junto a la cifra de unidades compartidas, valor porcentual y rango de cada ámbito léxico, y seguidamente, se observa la exclusividad bajo los mismos cálculos.

Tabla 5. Vocablos compartidos y exclusivos en los CCII según nivel educativo

CCII	N. voc.	COMPARTIDOS			EXCLUSIVOS		
		N. voc	% voc	Rango	N voc.	% 3ºEP	% 6º EP
Cuerpo	185	80	43,24	3	105	11,89	44,87
Ropa	175	78	44,57	2	97	14,28	41,15
Casa	198	76	38,38	4	122	19,69	41,93
Muebles	195	69	35,38	7	126	18,97	45,65
Aliment	407	154	37,80	5	253	15,70	46,40
Escuela	383	118	30,60	8	265	16,40	53,00
Ciudad	454	120	26,43	12	334	23,57	50,00
Campo	436	134	30,73	9	302	16,74	52,53
M. de trans.	161	60	37,26	6	101	15,52	47,22
Animales	259	130	50,10	1	129	11,90	38,00
Juegos	442	89	20,13	15	353	32,13	47,74
Profesion	367	101	27,52	11	266	22,61	49,87
Familia	149	43	28,85	10	106	8,72	62,43
Tecnología	246	62	25,20	14	184	19,52	55,28
Colores	198	53	26,77	13	145	6,56	66,67

Fuente: elaboración propia.

Antes de comentar estos resultados es necesario recordar que las unidades comunes en los inventarios de léxico disponible (tercero y sexto) obtienen diferentes índices de disponibilidad. En relación con el grado de compatibilidad (palabras comunes en ambos repertorios), se muestran resultados dispares según los CCII. Por un lado, el estímulo que mayor coincidencia manifiesta, concretamente más del 50 % de términos compartidos, es *Animales*, seguido de *Ropa* y *Cuerpo* con el 44,57 % y 43,24 %, respectivamente. Por otro, los estímulos que menor compatibilidad han ofrecido son *Colores* (26,7 %), *Tecnología* (25,2 %) y *Juegos* (20,1 %).

Al observar el grado de exclusividad de las unidades que componen los repertorios de cada nivel en los distintos CCII hay que señalar al subgrupo de sexto curso, dado que es el nivel que más vocablos aporta. En este sentido, resulta muy interesante la presencia de unidades de reciente adquisición, pues no se encuentran en los repertorios de tercer curso. En el caso de las unidades exclusivas en tercero, por el contrario, se trata de vocablos descartados, desechados, por diferentes razones durante el proceso formativo. Destaca el caso de *Partes del cuerpo*, donde la mayoría de términos específicos son catalanismos.

En síntesis, aquellos estímulos que ofrecen más del 50 % de palabras específicas al final de la etapa son *Colores* (66,17 %), *Familia* (62,4 %), *Tecnología* (55,2 %), *Escuela* (53 %), *Campo* (52,5 %), *Ciudad* (50%) y *Profesiones* (49, 87 %).

Con el propósito de ahondar en el análisis de la convergencia en ambos niveles se ofrece la tabla 6 con los porcentajes del número de vocablos compartidos por ambos subgrupos respecto del repertorio disponible de cada curso.

A partir de estos datos, se aprecia que todos los CCII en tercer curso, excepto *Juegos* con el 38,52 %, alcanzan porcentajes superiores al 50 %. Entre ellos destacan *Colores*, *Animales*, *Cuerpo*, *Familia* y *Ropa*, que alcanzan el 75 %. Estos datos corroboran que el léxico disponible de los alumnos de tercero está, en gran medida, consolidado en las etapas iniciales de primaria, aunque, lógicamente, va enriqueciéndose a lo largo de las diferentes etapas educativas. En otras palabras, el repertorio disponible de los escolares se amplía gradualmente en función de su formación, y así lo demuestra el hecho de que en sexto curso únicamente un estímulo, *Animales*, supere el 50 %.

Tabla 6. Valores porcentuales del vocabulario compartido en los CCII según nivel educativo

CCII	3.º EP		6.ºEP	
	% voc.	Rango	Rango	% voc.
Cuerpo	78,44	3	2	49,07
Ropa	75,72	5	3	48
Casa	66,08	8	4	47,79
Muebles	65,09	10	7	43,67
Alimentos	70,64	6	5	44,89
Escuela	65,92	9	9	36,64
Ciudad	52,86	14	11	34,58
Campo	64,73	11	8	36,91
M. de trans.	70,58	7	6	44,11
Animales	80,24	2	1	57,26
Juegos	38,52	15	13	29,66
Profesion	54,89	13	10	35,56
Familia	76,78	4	12	31,61
Tecnología	56,36	12	15	27,65
Colores	80,30	1	14	28,64

Fuente: elaboración propia.

Para finalizar este comentario en torno a la evolución y progresión del vocabulario infantil, se destaca que el centro de interés con mayor porcentaje de los vocablos compartidos en tercer curso sea *Colores*, con rango 1 y el 80,30 %, mientras que en sexto obtiene el rango 14 y el 28,64 % debido a la amplitud de matizaciones que incorporan a sus listados.

A modo de conclusión, se presentan las tablas que recogen los diccionarios del léxico disponible en los cursos de tercero y sexto con la relación detallada de todos los vocablos, comunes y exclusivos, en los diferentes CCII. En letra negrita se recogen las voces de otras lenguas.

01. Partes del cuerpo

VOCABLOS COMPARTIDOS, 80
abdominal, barbilla, barriga, bíceps, boca, brazo, cabeza, cadera, cara, ceja, célula, cerebro, cintura, clavícula, codo, columna (vertebral), **colze**, corazón, costilla, cráneo, cúbito, cuello, cuerpo, culo, dedo, diente, espalda, espinilla, estómago, fémur, **fetge**, frente, garganta, gemelo, glúteo, hígado, hombro, hueso, húmero, intestino, labio, lengua, mandíbula, mano, muñeca, músculo, muslo, nariz, oído, ojo, ombligo, oreja, ovario, peca, pecho, pectoral, pelo, pelvis, pene, **penis**, peroné, pestaña, pie, piel, pierna, pulmón, pupila, **radi**, radio, riñón, rodilla, sangre, testículo, teta, tibia, tobillo, tronco, uña, vena, vulva

ESPECÍFICOS 3.º EP, 22
aleta, **bessó**, cabellera, cama, **cap**, cola, colon, **crani**, **estómac**, genital, **genoll**, **glutis**, **húmer**, **intestí**, **llavi**, **mamella**, mejilla, menisco, nuez, órgano, palma, **peu**

ESPECÍFICOS 6.º EP, 83
abdomen, ano, antebrazo, aorta, apéndice, arruga, arteria, articulación, axila, branquia, **bufeta**, bulbo raquídeo, cabello, carne, cerebelo, clítoris, conducto deferente, coxis, cuádriceps, **cubi**, dedo de la mano, dedo del pie, deltoides, dorsal, empeine, encéfalo, entrepierna, epiglotis, esófago, espermatozoide, esternocleidomastoideo, esternón, extremidad, faringe, femoral, frontal, huevo, intestino delgado, intestino fino, intestino grueso, iris, isquio, laringe, ligamento, maxilar inferior, maxilar superior, medula (espinal), nalga, **nas**, nervio central, nervio periférico, neurona, nuca, nudillo, olfato, pabellón auditivo, páncreas, parental, párpado, pata, pezón, próstata, raíz de pelo, respiratorio, sistema nervioso, talón, tendón, tendón de Aquiles, tímpano, torso, trapecio, tráquea, trasero, tríceps, tripa, trompa de Falopio, uretra, útero, vagina, vejiga, vértebra, vista, yema

02. La ropa

TÉRMINOS COMPARTIDOS, 78

abrigo, bañador, bata, biquini, blusa, bota, braga, bufanda, calcetín, calza, calzón, calzoncillo, camisa, camisa corta, camisa interior, camisa larga, camiseta, camiseta corta, camiseta de tirantes, camiseta interior, camiseta larga, casco, chaleco, chancla, chándal, chaqueta, chubasquero, cinturón, coleta, collar, corbata, cordón, deportiva, diadema, falda, falda pantalón, gafas, gafas de sol, goma, gorra, gorro, guante, interior, jersey, lazo, **legging**, malla, manoletina, manopla, mono, muñequera, pantalón, pantalón corto, pantalón largo, pendiente, pijama, polar, polo, pulsera, reloj, ropa interior, sandalia, short, sombrero, sostén, sudadera, suéter, sujetador, tacón, tirante, top, traje, turbante, vaquero, vestido, zapatilla, zapato

ESPECÍFICOS 3.º EP, 25

babi, blusa corta, bolsa, botón, camisa antigua, camisa moderna, camisa vieja, camiseta de invierno, camiseta de lana, careta, cremallera, felpa, leotardo, pajarita, pantalón holgado, playera, ropa de invierno, ropa de otoño, ropa de primavera, ropa de verano, ropa navideña, tutú, uniforme, vaquero corto, visera

ESPECÍFICOS 6.º EP, 72

adidas, anillo, babeluco, batamanta, bershka, blue banana, **body**, boina, bolso, bota de agua, bota de fútbol, braga de cuello, **burkina**, buzo, cadena, calentador, camiseta térmica, camisón, chaqueta con pelaje, chaqueta vaquera, chaquetón, chupa, cinta de pelo, coletero, convers, culote, escarpín, falda corta, falda larga, gafas de baño, gafas de bucear, gancho, h&m, jean, jordan, joya, lente, manga corta, manga larga, manta, mantilla, mascarilla, media, minifalda, mochila, nike, orejera, pamela, pantalón **d'esport**, pantalón roto, pantufla, panty, pañuelo, parca, pasamontañas, pelo, peto, **piercing**, pinza, pull and bear, puma, riñonera, ropa de la nieve, **samarreta, skirt**, tanga, térmica, tobillera, traje de baño, velo, **vintage**, zara

03. La casa

armario, ascensor, ático, balcón, bañera, baño, barandilla, buhardilla, cable, cama, campana, chimenea, cine, cocina, columna, comedor, cristal, cuadro, cuarto, despacho, despensa, desván, dormitorio, ducha, enchufe, entrada, escalera, espejo, estudio, estufa, galería, garaje, gimnasio, grifo, habitación, jacuzzi, jardín, ladrillo, lámpara, lavabo, lavandería, libro, luz, mesa, palacio, pared, parque, pasillo, patio, persiana, pintura, piscina, piso, planta, puerta, recibidor, sala, sala de estar, sala de juego, salita, salón, silla, sofá, sótano, suelo, techo, tejado, tele(visión), terraza, trastero, tubería, valla, váter, ventana, verja, vestidor

aire, alarma, alfombra, almacén, **armari**, basura, biblioteca, casa, caseta, chalet, cojín, color, cuarto de baño, cuarto de invitados, cuarto de jugar, departamento, escritorio, esquina, estructura, forma, fregadero, frigorífico, guantera, hall, juego, juguete, **living**, mesita, muro, nave, ordenador, **parking**, playa, puerta de atrás, reloj, sillón, toldo, torre, zapatero

altillo, antena, aparcamiento, armario empotrado, arriba, aseo, asfalto, azotea, bajo, bodega, buzón, cajón, casa de playa, casa del árbol, caseta de campo, castillo, cemento, cerradura, cimiento, claraboya, cochera, colchón, columpio, conexión, corral, corredor, cortina, cuarto de juegos, cuarto de la plancha, cuarto de planchar, cuarto de trastos, cuna, dormitorio inferior, dormitorio superior, electricidad, encimera, fachada, foco, habitación de matrimonio, habitación **gamer**, hamaca, horno, hotel, huerto, lavadero, lavadora, lavamanos, lavavajillas, librería, losa, madera, manija, mansión, **menjador**, microondas, nevera, pádel, pica, piedra, pilar, pizarra, planta inferior, planta superior, porche, portal, portería, póster, radiador, reja, sala de estudio, sala de jugar, sala de planchar, sala de yoga, salida, secadora, segundo piso, **spa**, teatro, teja, tendedero, terraza, ventana, vitrocerámica, zona de juego

04. Muebles de la casa

aire acondicionado, alfombra, almohada, armario, banco, banco de la cocina, bañera, baño, caja, cajón, cajonera, cama, cojín, computadora, congelador, cortina, cuadro, cuna, despensa, ducha, escalera, escritorio, espejo, estante, estantería, estufa, flor, frigorífico, grifo, horno, jarrón, lámpara, lavabo, lavadora, lavaplatos, lavavajillas, libro, litera, luz, maceta, mármol, mesa, mesita, mesita de noche, microondas, mueble, nevera, ordenador, papelera, percha, perchero, pica, pila, pizarra, planta, puerta, reloj, retrete, silla, sillón, sofá, taburete, tele(visión), tendedero, tostadora, váter, ventana, ventilador, zapatero

alacena, alexa, aseo, bancada, barandilla, barra, bola del mundo, cabezal, calefacción, cámara, cepillo, cocina, cosa de baño, cosa de cocina, cuarto, despertador, dormitorio, enchufe, estudio, foto, friegaplatos, habitación, jardín, juguetero, lavadero, lavamanos, licuadora, mando, mando de tele(visión), mesa plegable, mueble de ropa, radio, ratón de ordenador, rumba, sala de estar, **tablet**, timbre

air fryer, almacén, altavoz, aspirador, basurero, batidora, baúl, biblioteca, bidé, bombilla, buró, buzón, **cadira**, caldera, calefactor, calendario, calentador, campana, canapé, casa, casillero, cesto, clima, colchón, cómoda, conga, corcho, cristal, cuaderno, edificio, encimera, estandarte, estatua, foco, fogón, fregadero, freidora, futbolín, guardarropa, guardazapatos, hamaca, imagen, impresora, jarra, jaula, librería, maletero, marco, mesa de cocina, mesilla, mosquitera, móvil, nintendo, parque, persiana, pintura, pizarra de madera, plancha, play, plaza, portátil, póster, proyector, ps 4, puerta del comedor, puesto, puf, radiador, red, refrigerador, sartén, secador, secadora, sofá cama, suelo, switch, tabla, teclado, thermomix, tienda, tocador, toldo, torre, tumbona, valla, vestidor, vitrina, vitrocerámica, **wifi**, xbox

05. Alimentos y bebidas

TÉRMINOS COMPARTIDOS, 154

aceite, agua, agua con gas, aguacate, alcohol, alita (de pollo), almendra, alubia, aquarius, arándano, arroz, atún, azúcar, barbacoa, bacón, batido, berenjena, bocadillo, bocata, brócoli, cacahuete, calabaza, caldo, canelón, caqui, caramelo, carne, cebolla, cereal, cereza, cerveza, champán, chupa chup, chocolate, chorizo, chupito, chuche, coca cola, cola cao, coliflor, cordero, costilla, crep, croqueta, cruasán, donut, empanadilla, ensalada, ensaladilla, espagueti, espinaca, fanta, fanta limón, fanta naranja, fideo, fideuá, filete, frankfurt, fresa, fruta, fruta del dragón, galleta, gamba, garbanzo, gaseosa, hamburguesa, helado, **hot dog**, huevo, huevo frito, jamón, jamón serrano, jamón york, kas, kiwi, lasaña, leche, lechuga, legumbre, lenteja, limón, lomo, longaniza, macarrón, maíz, mandarina, mango, mantequilla, manzana, mayonesa, mejillón, melocotón, melón, merluza, mermelada, mona, monster, nacho, naranja, natilla, nestea, nocilla, nuguet, oliva, paella, palomitas, pan, papa, pasta, patata, patata frita, pavo, pepino, pepsi, pera, perrito caliente, pescado, pez, pimiento, piña, pizza, plátano, pollo, poma, puré, queso, ramen, red bull, refresco, rosquilleta, saladito, salami, salchicha, salchichón, salmón, sandía, sándwich, sopa, sprite, sushi, taco, tallarín, tarta, tomate, tortilla, tortilla de patata, tortita, tostada, uva, verdura, vino, vino tinto yogur, zanahoria, zumo, zumo de naranja, zumo de piña

---

ESPECÍFICOS 3.º EP, 64

actimel, albaricoque, albóndiga, arroz a la cubana, asado, bebida energética, beicon, bola de pollo, café, calabacín, caracol, castaña, cava, champín, champiñón, chip, coca, coca cola cero, coca en sal, cochinillo, coñac, croqueta de jamón, espiral, flan, frambuesa, gelatina, gofre, gominola, guacamole, guisado, güisqui, gusanito, hervido, horchata, huevo duro, limonada, **llonganissa**, morro, nata, nuez, nutella, pastilla, pechuga, pepinillo, pipas, piruleta, pistacho, pollo frito, polo, quico, rabo, radler, ravioli, ron, rosco, san jacobo, seta, sirope, soja, trina, turrón, **tutti** fruta

---

ESPECÍFICOS 6.º EP, 189

aceituna, ajo, albóndiga, alcachofa, algodón de azúcar, almeja, alpro, apio, arroz al horno, arroz blanco, arroz marinero, banana, barrita, bebida, bizcocho, blue label, bollo, bombón, boquerón, brócoli, brownie, búrguer, burguer king, burrito, cacaolat, café, calabacín, calamar, calipo, canónigo, caracol, carbonara, carlota, cebollín, cerdo, chicle, chivito, choleck, chóped, chuleta, chuletón, cocido, coco, cóctel, col, conejo, cono, **coulán**, croissant, cubano, curry, cuscús, danone, dorayaki, dorito, dulce, empanada, empanado, energética, energy, ensaimada, entrecot, espárrago, especia, estofado, fiambre, flan, **fondue**, frambuesa, fruto seco, fuet, gallina, gazpacho, gelatina, gofre, goza, granada, granizado, grefusa, guacamole, guisado, guisante, guiso, gusanito, harina, huesito, huevo roto, humus, jamón, dulce, judía verde, jugo, kebab, kétchup, kfc, king fusión, kit kat, langosta, lays, lengua, lima, limonada, llobarro, lluç, magdalena, maracuyá, marisco, mazorca, mcdonal's, mero, miga, milka, mora, morro, mus de chocolate, napolitana, nestlé, níspero, **noodles**, nuez, oreo, oveja, paella con caracoles, paella valenciana, palito de cangrejo, panceta, **panini**, papa frita, papilla, pastel, pastel de crema, patata brava, paté, pato, pechuga, pelotazo, pepperoni, pepinillo, perejil, pernil, petit suisse, pimentón, pimiento amarillo, pimiento rojo, pimiento verde, piruleta, pistacho, pollo frito, pollo rebozado, pomelo, postre, potaje, prime, pringles, puchero, puerro, puntilla, rábano, **raclette**, rape, refresco, regaliz, remolacha, repollo, rollito, roscón, rosquilla, sal, sardina, semilla, sepia, seven up, sobrasada, solomillo, tataki, té, tequila, ternera, tinto de verano, tiramisú, tónica, tornillo, torta, tortellini, tortilla francesa, vaca, vino blanco, vodka, **whiskey**, zumo de melocotón

06. La escuela

VOCABLOS COMPARTIDOS, 118

agenda, agua, almuerzo, altavoz, alumno, amigo, árbol, arena, armario, asignatura, aula, banco, baño, básquet, basura, biblioteca, bocadillo, bolí(grafo), botella, cable, caja, cajón, calendario, canasta, cancha, carpesano, carpeta, cartel, cartulina, casillero, castellano, celo, ceras, chaqueta, clase, cocina, colores, columpio, comedor, comida, compañero, conserjería, cortina, cuaderno, deberes, despacho, dibujo, escalera, escritorio, estantería, estuche, estudio, estufa, examen, ficha, flauta, folio, gimnasio, goma, hoja, horario, informática, inglés, juego, lápiz, lengua, librería, libreta, libro, luz, maestro, mapa, mapa del mundo, mapamundi, matemáticas, mesa, mochila, mueble, música, niño, ordenador, pantalla, papel, papelera, pared, pasillo, patio, pegamento, pelota, perchero, persiana, persona, piano, pintura, pista, pizarra, pizarra digital, planta, plastidecor, portería, profe(sor), proyector, puerta, regla, religión, rotu(lador), sacapuntas, silla, **tablet**, techo, tierra, tijeras, tipp-ex tiza, tobogán, valenciano, ventana, ventilador

ESPECÍFICOS 3.º EP, 61

abecedario, aire acondicionado, alarma, alfabeto, **anglés,** art, asamblea, aseo, aula de castellano, aula de inglés, aula de matemáticas, aula de medio, aula de música, **aula de valencià,** aula de valenciano, babi, balcón, bedel, bocata, bolsita, bolsita de educación física, campo de fútbol, cantina, carro, cera blanca, cinema, cinta, cocinera, compás, crayola, cristal, cuadro, cubo, diccionario, dirección, escuela, fruta, fuente, fútbol, gimnasia, gomaeva, grapadora, juguete, lápiz de color, lavabo, limpiadora, lista, manley, **menjador,** mes, número, pala, pancarta, pincel, pista de básquet, pista de fútbol, plastilina, radiador, rotu(lador) azul, rotu(lador) de pizarra, sofá, tele(visión)

ESPECÍFICOS 6.º EP, 204

aburrimiento, actividad, acuarela, adolescente, adrenalina, alegría, almorzar, amistad, aprender, aprendizaje, apuntes, arte, ascensor, asiento, atletismo, autobús escolar, ayuda, baile, balón, balón de baloncesto, balón de fútbol, baqueta, barro, bebida, becario, bicho, biología, bolí(grafo) azul, bolí(grafo) rojo, bolí(grafo) verde, bolso, borrador, cadira, cagallón, caja de plástica, calculadora, calificación, cámara, campana, campo, carrera, casita, césped, chincheta, ciencia, cinta de doble cara, cocinero, compañeros, compañía, conserje, corcho, crayón, crear, crecer, cuarto, cuento, delegado, deporte, digital, diploma, director, divertido, divertirse, educación, educación física, ejercicio, emoción, empatía, encuadernador, enfermería, escribir, escritor, español, espejo, esqueleto, estante, estudiante, estudiar, excursión, exposición, fecha, felicidad, fotocopiadora, francés, frase motivadora, fuente, fútbol, garaje, geografía, gesto, gimnasia, habitación, historia, hombre. huerto, idioma, impresora, infantil, instrumento, insulto, ipad, jabón, jardín, juego de mesa, jugar, ladrillo, lámpara, lavabo, **lettering**, libro de lectura, lista, llave, marcador, materia, material, **medi**, mensaje positivo, mesa de ping pong, mesa del profe(sor), miedo, monitor, móvil, mujer, mural, muro, naturales, neceser, nombre, nostalgia, nota, número, objeto perdido, pantalla digital, papel continuo, parchís, **parking**, parque, patín, patio cubierto, pelea, pensar, percha, pica, piedra, pilar, **pilota dalt corda**, pincel, piscina, pizarra electrónica, plástica, porche, portaminas, portátil, primaria, **projecte**, proyecto, psicólogo, puerta de metal, pupitre, puzle, química, radiador, rampa, raqueta, ratón, recepción, recogida, red, reja, reloj, reñir, ridículo, robot, rocódromo, ropa, sala, sala de profe(sor), satisfacción, secretaria, secretaría, sirena, sobre, sociales, subdelegado, subrayador, suelo, tabla, tablero, tambor, tarea, teatro, teclado, tejado, tele(visión), texto, tiempo, torre, trabajo, valla, váter, vestuario, voleibol, yudo

07. La ciudad

TÉRMINOS COMPARTIDOS, 120

(auto)bús, acera, aeropuerto, agua, aldi, ambulancia, animal, apartamento, árbol, ave, avenida, avión, ayuntamiento, banco, bar, basura, bebida, biblioteca, bici(cleta), bombero, cafetería, calle, camión, campo, campo de fútbol, capital, carretera, carril bici, casa, centro comercial, chalet, cine, coche, cole(gio), construcción, consum, contaminación, edificio, escalera, escuela, estación, estanco, estatua, fábrica, falla, farmacia, farola, finca, flor, fuente, furgoneta, garaje, gato, gente, gimnasio, hoja, hospital, hotel, iglesia, instituto, jardín, mcdonald's, Madrid, mansión, mercadillo, mercado, mercadona, metro. montaña, monumento, moto(cicleta), museo, niño, obra, oficina, pájaro, palmera, paloma, panadería, parque, paso de cebra, paso de peatón, patinete, perro, persona, piscina, piso, planta, playa, plaza, policía, polideportivo, publicidad, puente, puerta, quiosco, rascacielos, reja, residencia, restaurante, río, ropa, rosa, ruido, semáforo, señal, silla, supermercado, taxi, tienda, torre, Torre Eiffel, tráfico, transporte, tren, universidad, Valencia, valla, vehículo, ventana, zoo(lógico)

ESPECÍFICOS 3.º EP, 107

academia, aire, **ajuntament**, Alzira, antena, aparcamiento, arbusto, ascensor, autovía, balcón, balón, banco de dinero, barandilla, Barcelona, barrio, básquet, bicho, bioparc, bolera, burguer king, campo de básquet, campo de deportes, caravana, Carcaixent, cárcel, carrera, casita, centro, charter, chocolate, chocolatería, ciudad, clase, comisaria, conejo, corte inglés, cruce, dentista, día, dibujo, discoteca, escuela de baile, escultura, espantapájaros, estación de metro, estadio, exposición, ferretería, Francia, fútbol, girasol, hamburguesería, heladería, helicóptero, hierba, hipermercado, humo, joyería, lámpara, lavandería, Levante, librería, lidl, Massamagrell, médico, **mercat**, Mestalla, monopatín, mosquito, mueble, Museros, naranja, nido, oceanográfico, pabellón, Paiporta, parada, parada de autobús, pared, **parking**, patín, periquito, Picanya, pizzería, plaza de toros, prisión, puerto, Rafelbunyol, ratón, replaza, rótulo, ruina, safari, salón, Sevilla, teatro, tenis, tierra, tractor, videojuegos, villano, violencia abogado, abuelo, accidente, acuático, adidas, adosado, adulto, aire, alcantarilla, alegría, alfombra, Alicante, almacén, ambulatorio, amigo, anciano, animal doméstico, antena, anuncio, aparcamiento, aqua, arbusto, arena, asfalto, atasco, atracción, auditorio, autopista, bajo, balcón, balón, barandilla, Barcelona, barco, barrio, basurero, bazar, bebé, belleza, Berlín, Big Ben, bioparc, bolsa, bolso, bonaire, borracho, búrguer, buzón, cajero, callejón, calor, cámara, camino, cancha, carro, cartel, cartel de publicidad, **cartell**, cartero, cartón, casa cultura, casco antiguo, caseta, casino, Castellón, castillo, catedral, cemento, central nuclear, centro, centro de adopción, chino, chuche, ciego, cielo, clínica, cojo, colibrí, coliseo, columpio, comedor, comida, concurrido, conocido, contenedor, correo, corte inglés, cristal, cuartel, cuponero, decathlon, desagüe, dinero, discoteca, Donesk, edificación, edificio de bomberos, electricidad, empresa, escarabajo, estabecimiento, estación de (auto)bús, estación de metro, estación de tren, estadio de fútbol, estructura, excavadora, felicidad, feria, ferrari, fiesta, floristería, frio, frutería, fuego, Gandía, gasolina, gasolinera, gorrión, grifo, guardería, guardia civil, hamburguesería, helipuerto, hierba, hombre, hormiga, huerto, humano, humo, infantil, joma, joyería, juguete, juguetería, juzgado, kfc, Kiev, ladrón, lago, lámpara, librería, lluvia, Londres, lujo, luz, máquina, máquina expendedora, mar, médico, medusa, mesa, Mondúver, motel, móvil, muelle, mujer, muralla, New York, nike, niña, nube, obrero, ordenador, **palau Ducal**, pantalla, papelera, parada de (auto)bús, parada de metro, **parking**, parque acuático, parque de atracciones, paseo, paso, patín, patinete eléctrico, patio, peatón, peluquería, perfumería, personal, pescadería, pez, pilote, pista, placa solar, play, plaza mayor, pobre, Puigcampana, puma, reloj, robo, rotonda, saler, Santander, santuario, señal de tráfico, ser vivo, sierra, sol, suelo, tecnología, tejado, teleférico, teléfono, tiburón, tienda de juguetes, tienda de muebles, tienda de moda, tienda de ropa, tienda de zapatos, timbre, torre gemela, tranvía, **uber**, vagabundo, Valencia, Valladolid, vegetación, verdulería, veterinario, vía, viento, zapatería, zapato

08. El campo

VOCABLOS COMPARTIDOS, 134

abeja, acequia, agua, águila, aire, almendro, amapola, animal, araña, árbol, arbusto, ardilla, arena, arroyo, avispa, ave, azada, banco, basura, berenjena, bicho, brócoli, caballo, cabaña, cabra, calabaza, camino, campo, caracol, carretera, casa, cascada, casita, cazador, cerdo, cerezo, césped, ciervo, coche, comida, conejo, cucaracha, cultivo, flor, fresa, fruta, fruto, gallina, gato, gente, girasol, granja, granjero, gusano, herramienta, hierba, hierbajo, hoja, hormiga, huerta, huerto, insecto, jabalí, jardín, jardinero, lago, lechuga, león, limón, limonero, lobo, mandarina, manzana, margarita, mariposa, mariquita, melón, montaña, mora, mosca, mosquito, musgo, naranja, naranjo, naturaleza, niño, nube, oruga, oveja, paja, pájaro, paloma, pasto, patata, pato, pera, perro, persona, pez, piedra, pino, piscina, planta, puente, rama, rana, rata, río, red, roca, romero, rosa, salmón, saltamontes, sandía, senda, serpiente, sierra, sol, tierra, tomate, tractor, trigo, trébol, tronco, tulipán, uva, vaca, valla, vegetal, verdura, zanahoria, zorro

ESPECÍFICOS 3.º EP, 73

alergia, altiplano, arma, asno, bicho bola, bolsa, cactus, calabacín, campaña, caña, cereal, cereza, cielo, ciempiés, ciruelo, cóndor, depresión, escorpión, espantapájaros, espárrago, **esparreguera**, estiércol, excursión, gallinero, garrapata, **gespa**, haba, hacha, helecho, hormiguero, huevo, labrador, lagarto, libélula, liebre, **llenya,** maceta, mago, más campo, mata, morera, mostaza, nido, nieve, níspero, nuez, ortiga, oso, palmera, paraguayo, parque, pepino, persimon, picnic, pimiento, pollo, pueblo, puerco espín, red, **riu**, rosal, salmón, subida, talador, **taronger**, tienda, toro, tortuga, **tossal**, violeta, zarzal, zarzamora

ESPECÍFICOS 6.º EP, 229

abono, abuelo, adolescente, agricultor, agricultura, aguacate, agujero, aire libre, aire puro, albaricoque, alcachofa, alegría, alimento, almendra, amigo, **anou**, arroz, atajo, bala de escopeta, balón, balsa, banana, baño, barca, barranco, barro, baya, bellota, bicho palo, bosque, bota, botella, búho, buitre, burro, caballón, cabra montesa, caca, caja, calabacín, calor, cama, caminata, camión, camping, campo de fútbol, campo de tenis, canal, canguro, cansancio, caqui, carne, carretilla, casa abandonada, casa vieja, **casella**, caseta, caseta de herramientas, castillo, cebolla, cebra, chalet, charco, chicharra, ciempiés, cisne, clavel, **clotxa**, cocina, col, colegio, colibrí, coliflor, colina, cono, cortacésped, cosecha, coyote, cruz, cubo, cultivador, deforestación, descampado, detector de metal, dinero, edificio, elefante, emoción, ermita, escalera, escalera de piedra, escarabajo, escuela, esfuerzo, espacio, espantapájaros, espejo, espina, establo, estanque, estornino, familia, fertilizante, fogata, frambuesa, fuente, fútbol, gallo, ganadería, garrofón, gasolina, grada, grafiti, grillo, guía, guisante, haba, hierbabuena, hortaliza, hotel, hoz, incendio, lagartija, lavadero, libélula, libertad, liebre, lluvia, loro, lucha, madera, maíz, mala hierba, mamá, manguera, mantis religiosa, manzano, mapa, mapache, máquina, mar, martillo, matorral, mazorca, melocotón, mercadillo, mercado, Mestalla, metal, moscardón, motosierra, mula, murta, naranjero, natación, navaja, oliva, olivera, olivo, olmo, oro, **ouet,** oxígeno, pala, palmera, palo, papel, pareja, pastor, pavo, pepino, petirrojo, picnic, pimiento, piña, piñón, planta aromática, planta carnívora, plantación, plantar, plástico, platanero, plátano, playa, podadora, polen, pomelo, pozo, primavera, pueblo, puerro, quemador, quemadura, raíz, rastrillo, ratón, recoger, regadera, regador, regar, remolacha, respirar, rifle, roble, ruta, semilla, señal, sequía, seto, silencio, sillón, soleado, suelo, teatro, telaraña, tenis, ternera, terreno, tienda de campaña, tigre, tijeras, tomatera, trabajo, urraca, vegetación, ventana, vestuario, vidrio, vista, yegua

09. Medios de transporte

VOCABLOS COMPARTIDOS, 60

(auto)bús, a pie, ambulancia, andando, ave, avión, avioneta, barca, barco, bici(cleta), bici(cleta) eléctrica, bugatti, caballo, caminando, camión, camión de basura, camioneta, canoa, caravana, carro, carroza, carruaje, caza, coche, coche de policía, cohete, corriendo, crucero, deportivo, ferrari, furgoneta, grúa, helicóptero, lamborghini, lancha, lancha motora, limusina, locomotora, metro, monopatín, moto(cicleta), moto(cicleta) acuática, moto(cicleta) de agua, mula, nave, paracaídas, patín, patinete, **skate**, submarino, tanque, taxi, todoterreno, toyota, tractor, tranvía, tren, triciclo, velero, yate

ESPECÍFICOS 3.º EP, 25

4x4, a bracito, aire, al paso, altura, animal, bici(cleta) de motor, **buggy**, camión de bomberos, camión de cemento, camión de comida, carretera, carricoche, ciclo, excavadora, hierro, mar, metal, moto(cicleta) de policía, remolque, supercoche, tierra, transporte público, vespa, yate de lujo

ESPECÍFICOS 6.º EP, 76

(auto)bús eléctrico, (auto)bús escolar, audi, auto, autocaravana, balsa, bmw, bmx, bombero, bote, bucear, burro, camión de helado, camión de mercadona, carreta, carro de golf, citroen, coche, coche antiguo, coche audi, coche descapotable, coche eléctrico, coche híbrido, coche italiano, coche mágico, coche policía, coche volador, cochemoto, combo, dacia, f1, ferri, ferrocarril, ford, globo, globo aéreo, globo aerostático, golf, ibiza, jaguar, jeep, jet, kart, kia, land rover, mazda, mercedes (benz), minibarco, minibús, monopatín eléctrico, moto(cicleta) eléctrica, motocrós, nadando, nave espacial, nissan, opel, patín eléctrico, patinete eléctrico, pesquero, peugeot, picasso, pierna, porche, **quad**, quitanieves, renfe, saltando, silla de ruedas, snowboard, tabla de surf, tanqueta, teleférico, tesla, titanic, tráiler, tren, tren bajo el agua, trotar, tuc-tuc, **uber**, vagón, volkswagen, yegua

10. Animales

VOCABLOS COMPARTIDOS, 130

(oso) panda, (oso) pardo, (oso) polar, abeja, águila, araña, ardilla, ave, avestruz, avispa, ballena, bicho, buey, búfalo, búho, burro, caballito de mar, caballo, cabra, cacatúa, calamar, camaleón, camello, canario, cangrejo, canguro, capibara, caracol, castor, cebra, cerdo, chimpancé, ciervo, cobra, cocodrilo, colibrí, conejo, cucaracha, cuervo, delfín, dinosaurio, dragón de komodo, elefante, erizo, escarabajo, escorpión, estrella de mar, flamenco, foca, gacela, gallina, gallo, gato, gaviota, gorila, gorrión, guepardo, gusano, halcón, hámster, hiena, hipopótamo, hormiga, iguana, jabalí, jaguar, jirafa, koala, lagartija, lagarto, león, león marino. leopardo, libélula, liebre, lince, llama, lobo, loro, manta raya, mapache, mariposa, mariquita, medusa, minotauro, mono, morsa, mosca, mosquito, mula, murciélago, ocelote, orangután, orca, ornitorrinco, oso, oveja, pájaro, paloma, pangolín, pantera, pato, pavo, periquito, perro, pez, pez globo, pez payaso, pingüino, piraña, pollito, pollo, poni, pulpo, puma, rana, rata, ratón, reno, rinoceronte, saltamontes, sapo, sardina, serpiente, tiburón, tiburón martillo, tigre, toro, tortuga, unicornio, vaca, yegua, zorro

ESPECÍFICOS 3.º EP, 32

(oso) perezoso, agapornis, armadillo, asno, ballena azul, basilisco, caballa, cachalote, cigüeña, cisne, cormorán, corrematas, coyote, culebra, estornino, gato montés, humano, lémur, mantis religiosa, mona, palomo, pavo real, persona, pez araña, pez roca, puerco, puerco espín, **rabosa**, rebaño, sepia, zarigüeya

ESPECÍFICOS 6.º EP, 97

alce, alga, anaconda, anfibio, anguila, anquilosaurio, arce, babosa, babuino, becerro, beluga, bobo, boquerón, buitre, burra, caballa, cachalote, caimán, caniche, carabela portuguesa, carnívoro, chihuahua, ciempiés, **clòtxina**, cobra real, coral, cordero, demonio de Tasmania, dodo, dorada, dragón, emú, ermitaño, esturión, felino, fiera, galgo, gamba, ganso, garrapata, herbívoro, hurón, insecto, lenguado, lepidóptero, lombriz, lubina, mamífero, mamut, manatí, manso, manta, megalodón, mejillón, merluza, mofeta, narval, nutria, ñu, oca, oruga, oso americano, pájaro carpintero, panda rojo, pantera negra, pastor, pastor alemán, pavo real, pelícano, perezoso, perro blanco, perro de raza peligrosa, pez araña, pez espada, pez león, pez volador, piojo, pointer, puerco espín, pulga, rape, raya, renacuajo, salmón, simio, suricata, tarántula, tellina, tigre de Tasmania, topo, triceraton, tucán, urraca, velociraptor, venado, víbora

11. Juegos y aficiones

adopt me, ajedrez, andar, bailar, baile, baloncesto, balonmano, básquet, bici(cleta), bolos, boxeo, candy crush, cantar, cartas, cluedo, colpbol, columpio, comba, consola, correr, deporte, dibujar, dominó, dos, escondite, escribir, estudiar, fifa, fornite, fútbol, fútbol americano, gallinita ciega, gimnasia, golf, goma, gta, hockey, juego de mesa, jugar, leer, lego, mamás y papás, mario, mario bross, memory, mentiroso, minecraft, monopoly, móvil, muñeca, música, natación, nintendo, ni sí ni no, oca, ordenador, pádel, parchís, party, patinaje, patinar, patinete, pelota, piano, pilla pilla, ping pong, pintar, pintura, pokemon, pollito inglés, puzle, quién es quién, **raspall,** roblox, rompecabezas, saltar, sardinas enlatadas, **tablet,** tele(visión), tenis, tik tok, torito en alto, trabajar, tres en raya, twister, uno, virus, voleibol, youtube, yudo

7 leídas, araña, araña pelada, avatar word, banderín, barbie, batalla de genios, bebé, bingo, bolera, boli3d, bomba, bombero, brock av, calistenia, cementerio, cien es cien, coche, cocinitas, comecocos, cómic, comprar, conducir, conecta 4, congelado, conocer, construir, correr, cps, cuerda, **cuinar, culet,** dados, danza, de tal palo tal astilla, detective, días de la semana, digital circus, dinero, doble, doctor, dop dos, el congelado, esgrima, esquí, fútbol, futbolín, game, gua gua, guerra, gulliver, hablar, halloween, hijos contra padres, infectado, instagram, intelect, juego, juego de bombero, juego de letras, juego de patio, juego de policía, juguete, karate, la mona, la reina y el rey, ladrón, ligar, lince, lotería, m m 2, maquillar, marcianitos, mario kart, marionetas, mente criminal, mine craft, minigolf, misterio, montar a caballo, morada maldita, motocrós, muñecas, my craft, nancy, navidad, no asustes a la dama, no chafes una caca, padres contra hijos, palmas, **paner,** pañuelo, papás y mamás, pared, party junior, pasapalabra, pedorretas, pelota valenciana, peluche, peluquería, pesas, piano, pilota, pinball, piratas, pistolero, plastilina, play station, playmobil, pocket champion, pokemon escudo, pokemon espada, póker, policía, popit, profesor, raqueta, reborn, recreativo, risc, rugby, rumy, safari, **sambori,** sardina, sellos, señor de los anillos, submarino, tabú, teatro, tobogán, toca life, toros, torre, triaminor, trivial, tumba, uefa, videoconsola, videojuegos, which, yoga, youtube

4 en raya, 5 líneas, abeja reina, acrobacia, ahora caigo, ahorcado, amigos, android, animal crossing, animar, ápex, aprende con grin, arcade, aro, artista, asesino, atletismo, atrapa un millón, bádminton, baile moderno, ballet, balón, balón prisionero, banderín, baraja, barbie, **basketball, basquetbol,** bebé, beisbol, belleza, billar, bingo, bote bote, bucear, caillou, caminar, car, carrera, casino, cementerio, ciclismo, cinquillo, clarinete, clash of clans, clash royale, cocinar, coleccionar, comer, conecta 4, construir, cortex, coser, crear, cromos, deberes, declaro la guerra, decorar, diana, dibujo, dormir, dragon ball, ducharse, el juego de la vida, el monstruo, el precio justo, emotify, escalar, escuchar música, esculpir, estatua, fallera, familia, fc, flauta, forma palabra, free fire, frisby, frontón, fútbol sala, futbolín, gameboy, gimnasia rítmica, good of war, guitarra, hablar, hacer música, hacer perfumes, **handball,** hay day, hijos contra padres, hip hop, historiador, idiomas, inglés, iphone, iq fit, iq stars, ir de compras, juego de cocina, juego de móvil, juguete, just dance, karate, league of legends, legend, lego city, libro, lleva, lucha, lucha libre, magneta, malabar, mano mano, maratón, mario, wonder, meditar, mi amiga, mikado, mini golf, momia, motociclismo, nadar, no lo digas, números, palomero, pared pared, pasatiempo, pasear, patín, peinar, película, pelota sentada, pelota valenciana, peluche, peluquería, pepa la cerdita, petanca, pichi, pictoniary, pictureka, piedra, papel o, tijeras, piggy, pilla, **pilota dalt corda, pilota valenciana,** pilotar, plastilina, play, poesía, polilla tramposa, polis y cacos, póquer, preguntados, pulsera, quedar, rapear, rayuela, relevos, robótica, rugby, rumikub, sardina, semana inglesa, serpiente y escalera, sí o no, siete vidas, sin palabras, solitario, sonic, sopa de letras, squad basters, squat battles, stop, stratega, street, fighter, stumble, sudoku, super mario, superjuego, superpoly, switch, tabú, taekwondo, tangram, teatro, tecnología, tejer, teléfono, toca boca, tocar, tocaworld, tragabolas, triatlón, trivial, trotar, tu la llevas, twich, twiter, veo veo, viajar, vida, video, videojuego, waterpolo, whatsapp, wii, zapatilla por detrás

12. Profesiones y oficios

VOCABLOS COMPARTIDOS, 101

abogado, actor, administrador, alcalde, arqueólogo, arquitecto, artista, astronauta, autobusero, azafata, bailarín, baloncestista, banquero, barista, basquetbolista, basurero, bibliotecario, bombero, cajero, camarero, camionero, canguro, cantante, carnicero, carpintero, cartero, chef, científico, cirujano, cocinero, colegio, comercial, conductor, conserje, constructor, costurero, cuidador, dentista, director, doctor, electricista, empresario, enfermero, entrenador, escritor, esteticien, estudiante, fábrica, farmacéutico, fontanero, frutero, futbolista, granjero, guardia civil, heladero, hospital, **influencer**, informático, ingeniero, jardinero, jefe, juez, limpiador, maestro, marinero, matemático, mecánico, médico, militar, minero, misa, modelo, monitor, músico, nadador, niñero, obrero, oficina, panadero, pastelero, pastor, pediatra, peluquero, pescadero, pescador, piloto, pintor, policía, profe(sor), programador, recepcionista, repartidor, socorrista, taxista, tendero, tenista, **tik toker**, vendedor, veterinario, violinista, **youtuber**, zoólogo

ESPECÍFICOS 3.º EP, 83

agencia, ambulancia, animalista, apicultor, árbitro, asfaltador, aviador, avionero, ayuntamiento, bailar, baloncesto, barbero, barillero, básquet, botánico, buzo, cafetería, capitán, carnicera, carnicería, carrefour, carrera, chatarrero, circo, conductor de autobús, corredor, corredor de coches, correos, decorador, día, dibujante, director de cine, educador, ejército, escuela, fábrica de papel, fábrica de tornillos, farmacia, fuster, fútbol, **gamer**, grúa, heladería, inventor, investigador, jefe de estudios, jurado, labrador, ladrón, lidl, lobero, masajista, mercadona, mesonero, motorista, mudanzas, navegador, ordenador, pádel, papelero, patinador, perfumador, plomero, policía local, presidente del gobierno, recaudador de impuestos, residencia, restaurador, secretaria, sindicato, superhéroe, supermercado, teatro, telefonista, tenis, tienda, tiktoker, torero, trabajador, trapecista, **treballador social**, trompetista, turista, vigilante

ESPECÍFICOS 6.º EP, 183

accionista, acróbata, agricultor, ajedrecista, albañil, ama de casa, ambulancia, ambulante, animador, árbitro, ascensorista, asesor, asistente, astrónomo, atletismo, autónomo, autor, auxiliar, ayudante, ballestero, banca, banco, bar, barman, barrendero, biólogo, **bloguer**, boxeador, brujo, buceador, capitán, cardiólogo, casista, cazador, chófer, ciclista, comediante, comerciante, compositor, concesionario, contable, contador, corredor, creador de videojuegos, criado, criminólogo, cristalero, cultivador, decorador, dependiente, deportista, detective, diseñador, **dj,** economista, educador, electromecánico, empleado, entrevistador, epidemiólogo, escultor, estilista, explorador, fabricador, fallero, farmacia, filósofo, fiscal, físico, fisio(terapeuta), flautista, florista, forestal, fotógrafo, ganadero, gimnasta, ginecólogo, golfista, guardabosques, guardaespaldas, guardia, guardia de banco, guardia seguridad, guionista, guitarrista, hacker, hada de los dientes, hada madrina, hematólogo, higienista, historiador, hornero, humorista, inspector, **instagramer,** inversor, jugador, jugador de baloncesto, jugador de balonmano, **jugador de colpbol,** jugador de pádel, lavaplatos, limpieza, luchador, maestro de ajedrez, mago, malabarista, maquillador, maquinista de metro, maquinista de tren, **marqueting,** masajista, mayordomo, **menjador,** mesero, meteorólogo, modisto, montador, motero, negociador, negocio, neurólogo, oculista, oficinista, oftalmólogo, operario, ortodoncista, otorrinolaringólogo, patinero, payaso, pedagogo, perfumista, periodista, perito, pescar, pescatero, pesquero, pianista, pistolero, pizzería, podólogo, político, portero, portuario, predicador, preparador físico, presentador, presidente, profe(sor) de universidad, psicólogo, psicopedagogo, quiosquero, recogepelotas, regidor, restaurante, rey, rotulista, saltador, secretario, seguridad, ser famoso, sirviente, soldador, **streamer, striper, swat,** tatuador, taxi, tecnología, terapeuta, transportador, traumatólogo, tutor, **twicher, uber,** universitario, urólogo, vendedor de muebles, vender, verdulero, vicepresidente, visitador médico, voleibol, zapatero, zoológico

13. Familia

VOCABLOS COMPARTIDOS, 43

abrazo, abuelo, alegría, amar, amigo, amistad, amor, animal, bebé, bisabuelo, emoción, felicidad, gato, gemelo, hermanastro, hermano, hijo, jugar, madrastra, madre, madrina, mamá, mascota, mellizo, nieto, niño, padrastro, padre, padrino, papá, perro, pez, primo, primo segundo, sentimiento, sobrino, tatarabuelo, tete, tío, tío abuelo, tío segundo, tristeza, yayo

ESPECÍFICOS 3.º EP, 13

alemán, brasileño, caballo, chico, francés, mami, **neboda,** pájaro, papi, paseo, ruso, tío bisabuelo, venezolano

ESPECÍFICOS 6.º EP, 93

aburrimiento, agobio, alegre, amante, animar, apoyar, ayudar, beso, bienestar, bisnieto, burla, calidez, cariño, cercanía, claridad, cobaya, colmena, compañía, compartir, compatibilidad, comprensión, conejo, confianza, consuegro, contento, cosí, cumpleaños, cuñado, discusión, disfrutar, diversión, empatía, enamorado, enfadado, enfado, enojo, esposo, exmadrastra, exnovio, feliz, fiesta, furia, gay, gracia, hámster, hermano adoptivo, hijastro, hijo adoptivo, ignorar, incomodidad, juego, lesbiana, libertad, llorar, maltratar, marido, masada, molesto, mujer, nerviosismo, nostalgia, novio, nuera, odio, palabrota, panal, pareja, paz, pelea, pelear, pensar, perdón, periquito, primo cuarto, primo hermano, primo lejano, primo tercero, querer, rabia, rebaño, regalo, respeto, risa, santo, seguridad, sorpresa, suegro, tata, tataranieto, tío lejano, tortuga, tranquilidad, triste, unión, vagabundo, vergüenza, yerno

14. Tecnología

VOCABLOS COMPARTIDOS, 62

alexa, altavoz, auricular, cable, calculadora, cámara, cascos, coche, coche eléctrico, computadora, consola, dron, electricidad, enchufe, fifa, google, gta, guitarra eléctrica, horno, ipad, llamada, luz, mando, micrófono, microondas, móvil, nevera, nintendo, ordenador, pantalla, pc, piano, (pizarra) digital, pizarra, play station, portátil, proyector, radio, ratón, redmi, reloj, reloj digital, roblox, robot, rumba, sega, spotify, switch, **tablet**, teclado, tele(visión), teléfono, tik tok, ventilador, video, videojuego, walkie talkie, whatsapp, **wifi**, wii, x box, youtube

---

ESPECÍFICOS 3.º EP, 48

antena, automática, bitzze, ciencia, classdojo, coche control, color fluorescente, despertador, dibujo, disney, eléctrico, estufa, funda, gafas digitales, herramienta, hp, instrumento, lámpara, lavadora, lg, libro electrónico, lupa, mac, máquina, micro, música, netflix, nuve, orange, pantalla de cine, pararrayos, patinete, piano eléctrico, pizarra táctil, play station 1, play station 2, play station 3, play station 4, play station 5, red social, refrigerador, rúter, tamagotchi, tambor, telescopio, videoconsola, virus

---

ESPECÍFICOS 6.º EP, 136

audífono, **air fryer**, airpod, alegría, almacenamiento, amazon, android, app, app store, apple, apple pencil, apple watch, asistente de google, aspirador, audífono, batidora, bici(cleta) eléctrica, blog, brawl stars, buscador, business, buts, cámara de fotos, cargador, celular, chip, chrome, clash royale, computador, cronómetro, duolingo, e book, enfado, escritorio, facebook, family computer, felicidad, firefox, fornite, foto, fotocopiadora, free fire, galería, game, game boy, garaje band, geometry dash, gmail, google map, grammy, guitarra, hay day, huawei impresora, instagram, internet, ios, iphone, juego, lápiz táctil, laptop, lavaplatos, lavavajillas, league legends, libro digital, licuadora, lliurex, mario wonder, meet, mensaje, messenger, microsoft, minecraft, motorola, netflix, nintendo switch, nokia, oled, oppo, outlook, pantalla digital, patín eléctrico, patinete eléctrico, pinterest, pizarra electrónica, pokemon, power point, prime, procúrate, programador, ratón de pc, ratón móvil, reloj táctil, safari, samsung, shein, siri, sky, smartphone, snapchat, sonic super, sonic vs mario, streamer, super mario, superell, tecnológico, tecnólogo, telegram, temu, tesla, thermomix, tinder, tranjis games, toca boca, torre, traductor, twister, twitch, usb, **videojoc**, videollamada, vinted, wallapop, web, wikipedia, windows, x, xiaomi, youtube kids

15. Colores

VOCABLOS COMPARTIDOS, 53

amarillo, amarillo fosforito, amarillo limón, arcoíris, azul, azul cielo, azul claro, azul marino, azul oscuro, azul pastel, azul turquesa, beis, blanco, carne, celeste, cian, dorado, fosforito, fucsia, granate, gris, lila, magenta, marrón, marrón claro, marrón oscuro, menta, morado, morado claro, morado oscuro, mostaza, naranja, naranja oscuro, negro, ocre, oro, piel, plata, plateado, púrpura, rojo, rosa, rosa claro, rosa oscuro, rosa pastel, rosado, salmón, transparente, turquesa, verde, verde claro, verde oscuro, violeta

ESPECÍFICOS 3.º EP, 13

añil, azul metálico, **blau**, brillante, diamante, malva, modo pastel, morado metálico, multicolor, **roig**, rojo metálico, ultravioleta, verde pistacho

ESPECÍFICOS 6.º EP, 132

agua, amapola, amarillo chillón, amarillo claro, amarillo dorado, amarillo lima, amarillo mostaza, amarillo neón, amarillo oscuro, amarillo pastel, amarillo pollo, amarillo polo, amarillo rubio, amarilloso, anaranjado, azabache, azul agua, azul amarillento, azul crudo, azul celeste, azul chillón, azul cian, azul fosforito, azul grisáceo, azul mar, azul más negro, azul oceánico, azul plateado, azul verde, azul verdoso, azulado, azuloso, bermellón, blanco diente, blanco nieve, blanco nuclear, bronce, bronceado, café, calabaza, carmesí, carmín, chocolate, cielo, claro, cobalto, color caca, coral, crema, esmeralda, fresa, gris blanco, gris claro, gris oscuro, grisáceo, hierba, hueso, lavanda, leche, lila pastel, lima, marrón caca, marrón café, marrón débil, marrón fuerte, marrón madera, marrón pastel, marrón rojo, melocotón, metalizado, morado fosforito, morado pastel, naranja chillón, naranja claro, naranja fosforito, naranja manchado, naranja pastel, negro fuerte, negro, oscuro, pastel, pistacho, plata dorado, plátano, rojizo, rojo chillón, rojo claro, rojo neón, rojo oscuro, rojo pastel, rojo salmón, rojo sangre, rojo tomate, rosa algodón, rosa bebé, rosa blanco, rosa chicle, rosa chillón, rosa flamenco, rosa fosforito, rosa fucsia, rosa magenta, rosa morado, rosa neón, rosa palo, rosa salmón, sangre, vainilla, verde agua, verde amarillo, verde azabache, verde azulado, verde azuloso, verde botella, verde caca, verde césped, verde chillón, verde esmeralda, verde fosforito, verde lima, verde limón, verde menta, verde metálico, verde neón, verde pastel, verde planta, verde selva, verde tortuga, verdoso, vino, violeta claro, violeta oscuro

5

Valoraciones finales

El estudio de un corpus es siempre parcial porque no agota las múltiples posibilidades que este ofrece, y buena prueba de ello es lo dispuesto a lo largo de estas páginas. Gran parte de los resultados de esta investigación conforman un avance en el estudio de la DL al aportar evidencias del alcance, control y evolución del léxico disponible en la educación primaria, y especialmente en las etapas iniciales de adquisición.

Así, se ha considerado el alcance de la DL en el ámbito escolar, sobre todo a lo largo de las dos últimas décadas, con el propósito de contribuir al descubrimiento y cotejo de los resultados entre distintas sintopías panhispánicas, pues es un reto conocer mejor qué léxico comparten y cuáles son, así como en qué proporción figuran las palabras que nos diferencian. Del mismo modo, antes de ejercer el control sobre qué palabras deben ser enseñadas en un determinado curso o nivel educativo es condición *sine qua non* conocer el vocabulario que ya tienen incorporado los alumnos. Y, por último, a partir de la realización de pruebas idénticas, podremos indicar cómo y en qué medida aumenta o se estabiliza el caudal léxico de los escolares.

Antes de dar paso a las valoraciones finales hay que señalar que, aunque no de manera exacta, se siguen los principios del *Proyecto panhispánico.* De hecho, la perspectiva teórica, el abordaje metodológico y el análisis de resultados desarrollados en este estudio aseguran futuras incursiones que contribuirán a ampliar el alcance de la DL proyectando sus logros en el ámbito didáctico, sobre todo en las etapas iniciales de adquisición. Así, gracias a los materiales léxicos generados tras la realización de 200 encuestas de disponibilidad léxica a escolares valencianos de educación primaria, del tratamiento metodológico aplicado a dicho corpus y los distintos cálculos léxico-estadísticos junto a otros específicos en este tipo de investigaciones, se presentan las siguientes conclusiones.

Por un lado, el análisis cuantitativo ha estudiado parámetros habituales en el ámbito de la DL como el total de palabras (NP), total de vocablos (NPD), promedio de respuestas por estudiante (XR) e índice de cohesión (IC) con el propósito de mostrar no solo los posibles cambios o similitudes con otras investigaciones anteriores, sino también determinar la evolución de dichos aspectos según nivel educativo de los escolares –tercero y sexto cursos–. En primer lugar, se destaca:

1. Los CCII más productivos en cuanto a las respuestas aportadas por los escolares de educación primaria son, en orden decreciente, *Alimentos* (3374), *Animales* (3211), *La escuela* (3173), *Colores* (2909), *Partes del cuerpo* (2517), *La ciudad* (2447), *El campo* (2340), *La ropa* (2272), *Medios de transporte* (2110), *Profesiones y oficios* (2080), *Familia* (2038), *Muebles de la casa* (1905), *Juegos y aficiones* (1835), *Tecnología* (1788) y *La casa* (1776).

Si atendemos a su distribución según cada subgrupo, los ámbitos léxicos más productivos coinciden. *Alimentos, Animales, Escuela* y *Colores* son los CCII con mayor número de palabras en sus repertorios: en tercero alcanzan valores que superan las 1100 respuestas; mientras que en sexto estas cifras oscilan entre 2130 y 1795 unidades. Sin embargo, al observar los que menor número de respuestas han logrado, ya no se trata de los mismos estímulos. Mientras que los que obtienen menor número de respuestas en tercero son *Profesiones y oficios, Juegos y aficiones, La casa* y *Tecnología,*por debajo de 700 unidades, en el subgrupo de sexto aquellos que no superan la cifra de 1200 respuestas son *Juegos, Muebles, Familia* y *Casa*. Por último, sorprende la evolución del estímulo *Familia*, cuyo rango varía considerablemente de tercero (5) a sexto (14).

Una vez destacados los datos relacionados con la mayor o menor productividad de los ámbitos léxicos entre los escolares valencianos, y tras comprobar que se asemejan, en gran medida, con los señalados en anteriores estudios de educación primaria (Samper, 2009; Prado y Galloso, 2008) e incluso con las del proyecto panhispánico, podemos confirmar la significatividad y validez universal acerca de la distinta naturaleza y comportamiento de los CCII, pues no se ve afectada, en principio, por las diferencias de edad o nivel educativo.

2. Resulta evidente que los alumnos de mayor nivel educativo presentan una cantidad superior de vocablos disponibles. Dicha superioridad, amplia en la mayoría de los casos, se concreta en aquellos estímulos que alcanzan un aumento de más de 100 vocablos (*Escuela, Alimentos, Campo, Ciudad, Colores, Profesiones*), aquellos que muestran un incremento superior a 50 (*Animales, Familia, Tecnología, Cuerpo, Muebles y Juegos*) o inferior a esta cifra (*Medios de transporte, Casa y Ropa*). Para algunos investigadores, este hecho se explica por razones que atienden a la naturaleza de los estímulos como, por ejemplo, si favorece un léxico más concreto (*Colores*) o incluyen un vocabulario de aprendizaje temprano (*Escuela*).

   Aunque por el momento, y con los datos actuales, todavía no podemos aportar luz a estas cuestiones, únicamente apuntamos que la tarea asociativa a estas edades no es comparable con la de estudiantes más experimentados y que algunos de los ámbitos léxicos propuestos en la encuesta poseen un vocabulario mejor delimitado o más fácilmente evocable. No obstante, sí hay un aspecto al que podemos sumarnos: el rango que ocupan los CCII según el total de respuestas aportadas puede considerarse similar en ambos niveles educativos; sin embargo, no es tan claro el paralelismo cuando se cotejan las posiciones según la cantidad de vocablos.

3. De acuerdo con la tesis anterior, no se produce una equivalencia entre los CCII que mayor productividad demuestran en palabras y vocablos. Se trata de un hecho habitual en las numerosas investigaciones de DL: un mayor número de respuestas en un centro de interés concreto no se corresponde con un mayor número de vocablos. Ello indicaría que los encuestados coinciden en la cantidad y calidad de sus respuestas, lo cual no suele suceder.

4. Al hilo de lo anterior, según el índice de cohesión (aquel que muestra el grado de coincidencia en las respuestas) la ordenación de los CCII ofrece unos resultados prácticamente idénticos en ambos subgrupos. Los más compactos son *Colores*,

Familia y *Cuerpo*; mientras que *Profesiones, Campo, Ciudad* y *Juegos* son los menos cohesionados. Esta distribución también coincide con la de los estudios de Samper Hernández (2009) y Prado y Galloso (2008), y ello nos permite apuntar hacia la naturaleza del lexicón infantil, pues en este caso concreto se vislumbra la relación entre la coherencia semántica y la edad mental de los hablantes.

5. En relación con el promedio de respuestas por informante, es lógica la progresión que se manifiesta entre el promedio general, aquel que incluye todos los CCII, de tercero y sexto. El primer grupo obtiene un promedio de 8,7 respuestas, destacando *Alimentos* y *Animales* con un promedio de 12,4 palabras; los de sexto curso, por su parte, alcanzan 15,11 y sobresalen también los centros de *Alimentos* (21,29) y *Animales* (19,7).

6. Al ahondar en la progresión de la productividad según se asciende de nivel educativo y edad de los alumnos (tabla 4) se expresan, mediante porcentajes, los resultados del total de palabras, vocablos y promedio de respuestas por escolar. En el primer caso se obtiene un aumento de más del 50 % en *Tecnología* y *Profesiones*, y se posicionan entre el 40-50 % otros ocho, lo que indica qué ámbitos léxicos crecen de manera considerable frente a los que no lo hacen tan evidentemente. Si atendemos a los vocablos, únicamente *Colores* y *Familia* han conseguido un incremento de más del 50 %, quedando entre el 40 y 50 % tres centros más (*Tecnología, Escuela* y *Campo*), lo que supone que en esta ocasión solo 5 CCII han logrado ampliar notablemente su repertorio. Por último, es en relación con el promedio de respuestas por estudiante donde se consiguen, en nuestra opinión, los datos más interesantes: *Tecnología* y *Profesiones* superan el 50 % y les siguen otros 9 campos semánticos con más del 40 %. Por su parte, los estímulos que manifiestan menor incremento de vocabulario disponible, por debajo del 37 %, son *Muebles, Colores* y *Familia*.

Por otra parte, la contribución a la perspectiva cualitativa no solo atiende al aspecto diferencial, sino que destaca el vocabulario que comparten los escolares de 8 y 12 años. El examen de respuestas compartidas y específicas en los repertorios de ambos niveles resulta indiscutible si abordamos el control y progresión del vocabulario disponible a lo largo de una etapa educativa (ecuador en tercero y final en sexto). En este sentido, se comprueba que existen grandes diferencias en la variabilidad léxica, transformación, dentro de un centro de interés en comparación con la que experimenta otro. Por ejemplo, los materiales léxicos que componen los repertorios de *Animales*, *Ropa* o *Cuerpo* tienden a mantenerse más estáticos y relativamente inmunes a los cambios, alcanzando un 50,10 %, 44,57 % y 43, 24 % de vocablos compartidos, respectivamente, quizás por la naturaleza inamovible de la realidad a la que se refieren. En contraposición, *Colores* (26,77 %), *Ciudad* (26,43 %), *Tecnología* (25,20 %) y *Juegos* (20,13 %) son más dinámicos y facilitan la variación, pues se trata de realidades cambiantes, condicionadas por una serie de circunstancias históricas, sociales, culturales y económicas.

Con los datos de la tabla 6 se aprecia que todos los CCII en tercer curso, excepto *Juegos* 38,52 %, arrojan porcentajes superiores al 50 % de convergencia. Entre ellos destacan *Colores*, *Animales*, *Cuerpo*, *Familia* y *Ropa* que alcanzan el 75 %. Estos datos corroboran que el léxico disponible de los alumnos de tercero está, en gran medida, consolidado en las etapas iniciales de primaria, aunque, lógicamente, va enriqueciéndose a lo largo de las diferentes etapas educativas. En otras palabras, el repertorio disponible de los escolares se amplía gradualmente en función de su formación, y así lo demuestra el hecho de que en sexto curso únicamente un estímulo, *Animales*, supere el 50 %. También se destaca el caso de *Colores*, pues se trata del ámbito léxico con mayor porcentaje de vocablos compartidos en tercer curso, con rango 1 y 80,30 %, mientras que en sexto presenta rango 14 y 28,64 % debido a la amplitud de matizaciones que incorporan a sus listados.

Por último, este estudio descubre el entramado de adquisición de vocabulario de los escolares valencianos de la etapa primaria aportando las unidades léxicas disponibles y su transformación o variabilidad (enriquecimiento o pérdida) a través del detalle proporcionado por las tablas de convergencia de cada campo nocional y de los diccionarios de léxico disponible según el nivel educativo (tercero y sexto). En otras palabras, no solo resulta interesante descubrir el repertorio léxico disponible de los estudiantes, también hay que señalar aquellos términos específicos que con el paso del tiempo y una mayor formación lingüística han desaparecido del inventario disponible o aquellos otros que pueden considerarse incorporaciones: cuando el repertorio de un centro obtiene menor porcentaje de vocablos compartidos en sexto curso está indicando mayor número de palabras nuevas en el caudal léxico de los alumnos.

6

Bibliografía

Alba, O. (2021). *Datos para un diagnóstico de la enseñanza del español en las escuelas públicas de Santo Domingo.* Brigham Young University https://scholarsarchive.byu.edu/books/27/

Alba, O. (2022). Aplicaciones de los estudios de disponibilidad. *Studia Philologica. In honorem José Antonio Samper,* 49-76. Academia Canaria de la Lengua y Arco/Libros.

Ávila Muñoz, A. M. y Santos Díaz, I. C. (2019). Observación de la brecha tecnológica generacional desde el prisma de la disponibilidad léxica. *Ogigia. Revista Electrónica de Estudios Hispánicos,* 25, 259-292. https://doi.org/10.24197/ogigia.25.2019.259-292

Bartol Hernández, J. A. (2010). Disponibilidad léxica y selección del vocabulario. En: Castañer Martín, R. y Lagüéns Gracia, V. (coords.) *De moneda nunca usada: Estudios dedicados a José M.ª Enguita Utrilla* (pp. 85-107). Universidad de Zaragoza.

Bartol Hernández, J. A. (2017). *Léxico panhispánico.* Jornadas de Investigación en Disponibilidad Léxica: Nuevas tendencias y aportaciones, Salamanca. https://diarium.usal.es/jornadasdl/conferencias/

Caramazza, A. (1997). How many levels of processing are there in lexical access? *Cognitive Neuropsychology,* 14 (1), 177-208. https://doi.org/10.1080/026432997381664

Cepeda Guerra, M., Granada Azcárraga, M. y Pomes Correa, M. (2014). Disponibilidad léxica en estudiantes de primero básico. *Literatura y Lingüística,* 30, 166-181. https://doi.org/10.4067/S0716-58112014000200010

Cepeda Guerra, M., Granada Azcárraga, M. y Pomes Correa, M. (2017). Índices de disponibilidad léxica en alumnos de *prekinder* en un contexto rural de la Comuna de Maule, Chile. *Interpretextos,* 10 (18),

183-199. http://bibliotecavirtualoducal.uc.cl:8081/xmlui/handle/123456789/1473766

Consejo de Europa. (2001). *Marco común europeo de referencia para las lenguas: aprendizaje, enseñanza, evaluación.* MCERL. Traducido por el Instituto Cervantes. Ministerio de Educación, Cultura y Deporte-Anaya. https://cvc.cervantes.es/ensenanza/biblioteca_ele/marco/cvc_mer.pdf

Donoso, E. y Cepeda-Guerra, M. (2024). Análisis del léxico disponible en niños del norte de chile: influencia de la variable de sexo y condición migratoria. *RLA. Revista de Lingüística Teórica y Aplicada, 62* (1), 101-120. https://doi.org/10.29393/RLA62

Echeverría, M. S. (1991). Crecimiento de la disponibilidad léxica en estudiantes chilenos del nivel básico y medio. En: López Morales, H. (ed.). *La enseñanza del español como lengua materna* (pp. 61-78). Río Piedras, Universidad de Puerto Rico.

Escudero Sánchez, R., Santos Díaz, I. C. y Trigo Ibáñez, E. (2022). Evolución del léxico disponible sobre la «escuela» del alumnado de educación primaria según el tipo de centro educativo. *Cultura, Lenguaje y Representación, 28,* 61-81. http://dx.doi.org/10.6035/clr.6376

Escudero Sánchez, R., Santos Díaz, I. C. y Trigo Ibáñez, E. (2024). El léxico bilingüe del alumnado de educación primaria según el tipo de centro educativo, *Lenguas Modernas, 64,* 121-146.

Fernández Pérez, M. (2020). Corpus lingüísticos de habla infantil y representatividad: el valor de los datos en repertorios de habla en desarrollo. *RILCE. Revista de Filología Hispánica, 36* (2), 651-673.

Fernández-Smith, G., Sánchez-Saus, M. y Escoriza, L. (2012). Studies in lexical availability: the current situation and some future prospects. En: Eizaga Rebollar, B. (ed.). *Studies in linguistic and cognition* (pp. 35-57). Peter Lang.

Gómez Devís, M. B. (2004). *La disponibilidad léxica de los estudiantes preuniversitarios valencianos. Reflexión metodológica, análisis sociolingüístico y aplicaciones.* Universitat de València. http://hdl.handle.net/10803/9814

Gómez-Devís, M. B. (2019). A propósito de las redes semánticas en el léxico disponible de escolares de primero de educación primaria. *Ogigia. Revista Electrónica de Estudios Hispánicos, 25,* 165-183. https://doi.org/10.24197/ogigia.25.2019

Gómez-Devís, M. B. (2021). Disponibilidad léxica en niños de 6 años. Alcance y proyección didáctica del corpus léxico infantil. *Cultura, Lenguaje y Representación, 25,* 169-181. https://doi.org/10.6035/CLR.2021.25.10

Gómez-Devis, M. B. y Cepeda Guerra, M. (2022). Bases para la enseñanza del léxico. Mecanismos de asociación y configuración de redes en el léxico disponible infantil. *Tejuelo*, 35 (3), 105-134. https://doi.org/10.17398/1988-8430.35.3.105

Gómez-Devís, M. B., Cepeda Guerra, M. y Herranz-Llácer, C. V. (2023). Léxico disponible y redes asociativas de escolares de seis años. La configuración del lexicón en las etapas iniciales de adquisición. *Círculo de Lingüística Aplicada a la Comunicación*, 96, 215-227. https://doi.org/10.5209/clac.81903

Gómez-Devís, M. B. y Herranz-Llácer, C. V. (2024). Nuevas tecnologías: TIC y educación en futuros maestros de educación infantil. Caracterización desde la disponibilidad léxica. *Ogigia. Revista Electrónica de Estudios Hispánicos*, 35, 7-30. https://doi.org/10.24197/ogigia.35.2024.7-30

González Pereira, M. (2020). Semiosis icónica en el desarrollo del lenguaje infantil. *Pragmalingüística* (monográfico), 2, 179-198. https://doi.org/10.25267/Pragmalinguistica.2020.iextra2.11

Henríquez, M. C., Mahecha, V. y Mateus, G. (2016) Análisis de los mecanismos cognitivos del léxico disponible del cuerpo humano a través de grafos. *Lingüística y Literatura*, 69, 229-251. https://doi.org/10.17533/udea.lyl.n69a10

Hernández, N., Tomé, C. y López, M. (2024). Análisis de las herramientas automáticas para el léxico disponible: LEXPRO. En: I. Santos Díaz y A. Ávila Muñoz (eds.). *Avances y desarrollo de los estudios del léxico disponible. Una aproximación desde la variación léxica* (pp. 73-94).Peter Lang.

Hernández Solis, M. B. (2014). *De la palabra al vocablo hay un buen trecho. Disponibilidad léxica de estudiantes de primaria de la ciudad de Zacatecas*. Universidad Autónoma de Zacatecas.

Herranz Llácer, C. V. y Gómez-Devís, M. B. (2022). La investigación en disponibilidad léxica infantil: aplicaciones para la enseñanza de ELE. *Cultura, Lenguaje y Representación*, 28, 83-102. https://doi.org/10.6035/clr.6116

Jiménez Berrio, F. (2019). *Estudio sociolingüístico del léxico disponible de escolares navarros*. Eunsa, Ediciones de la Universidad de Navarra.

Llopis Rodrigo, F. (2006). El lèxic del valencià central: un estudi de disponibilitat lèxica. Universitat de València. https://roderic.uv.es/items/be1485f8-725d-4415-8d7c-f2a59cc956b4

Levelt, W. (1999). Models of word production. *Trends in Cognitive Sciences*, 3 (6), 223-232. https://doi.org/10.1016/S1364-6613(99)01319-4

Levelt, W. (2001). Spoken word production: a theory of lexical access.

Proceedings of the National Academy of Sciences, 98 (23), 13464-13471. https://www.pnas.org/doi/full/10.1073/pnas.231459498

López Chávez, J. y Meza Canales, R. M. (1993). *El léxico disponible de escolares mexicano* (7 cuadernos). Alhambra Mexicana.

López Chávez, J. y Strassburger Frías, C. (2000). El diseño de una fórmula matemática para obtener un índice de disponibilidad léxica confiable. *Anuario de Letras. Lingüística y Filología*, 38(0), 227-251. https://revistas-filologicas.unam.mx/anuario-letras/index.php/al/article/view/985/983

López Morales H. (1986). *Enseñanza de la lengua materna*. Río Piedras.

Mahecha, V. y Mateus, G. (2017). El léxico disponible y sus mecanismos de asociación: un análisis con grafos. En: Barrio de la Rosa, F. (ed.). *Palabra, vocabulario, léxico. La lexicología aplicada a la didáctica y a la diacronía* (pp. 123-142). Università Ca' Foscari.

Manni Vega, J. O. (2022). La disponibilidad léxica en tres centros de interés en una escuela vulnerable en Santiago de Chile. *Nueva Revista del Pacífico*, 76, 111-136. https://dx.doi.org/10.4067/S0719-51762022000100111

Martí Contreras J. (2024). Disponibilidad léxica en niños en partes del cuerpo y la alineación con estándares de aprendizaje de lenguas extranjeras. *Círculo de Lingüística Aplicada a la Comunicación*, 97, 245-259. https://doi.org/10.5209/clac.88441

Mateus, G., Castilblanco, L. y Álvarez, P. (2018). Mecanismos lógicos y analógicos en la producción del léxico disponible. *Folios*, 47, 133-152. https://dialnet.unirioja.es/servlet/articulo?codigo=6834485

Mateus, G., y Mahecha, V. (2020). Tipología de mecanismos cognitivos y lingüísticos que caracterizan el léxico disponible. *Círculo de Lingüística Aplicada a la Comunicación*, 82, 165-178. https://doi.org/10.5209/clac.68971

Medellín García, A. (2011). Disponibilidad léxica de niños de 1.º de primaria y la estructuración de sus redes léxicas. En: López Chávez. *La enseñanza del español y las variaciones metodológicas*. Edere y Universidad Autónoma de Zacatecas.

Michéa, R. (1953). Mots fréquents et mots disponibles. Un aspect nouveau de la statistique du langage. *Les Langues Modernes*, 47, 338-344.

Montenegro Muñoz, R. (2010). *Corpus de disponibilidad léxica en estudiantes de tercero y sexto primaria de escuelas públicas del departamento de Guatemala*. USAID/Reforma Educativa en el Aula. https://issuu.com/omahur63/docs/disponibilidad_l_xica_version_corta_cs4

Murillo Rojas, M. (1993). Disponibilidad léxica en los preescolares: estudio de cinco campos semánticos. *Káñima. Revista de Artes y Letras*, 27 (2), 117-127.

Murillo Rojas, M. (1994). Comidas y bebidas: estudio de la disponibilidad léxica en preescolares. *Káñima. Revista de Artes y Letras*, 28 (2), 117-133.

Paiz Contreras de Campos, I. Y. (2019). Disponibilidad léxica en estudiantes de primer grado de nivel primario de escuelas oficiales en Guatemala. *Red para Lectoescritura Inicial de Centroamerica y Caribe*, 39, 84-94. https://red-lei.org/disponibilidad-lexica/

Paredes García, F. (2012). Desarrollos teóricos y metodológicos recientes de los estudios de disponibilidad léxica. *Revista Nebrija de Lingüística Aplicada*, 11 (6), 78-100. https://doi.org/10.26378/rnlael611177

Prado Aragonés, J. y Galloso Camacho, M. V. (2008). *Léxico disponible de Huelva: nivel 6.º de educación primaria*. Universidad de Huelva.

Quintanilla Espinoza, A. y Peña, P. (2024). The influence of the gender variable on Chilean EFL primary students lexical availability. *MLS-Educational Research*, 8 (2), 1-21. https://doi.org/10.29314/mlser.v8i1.1682

Salcedo Lagos, P., Zambrano Matamala, C., Rojas Diaz, D. y Friz Carrillo, M. (2022). Estudio de disponibilidad léxica asociado al ámbito de las matemáticas y las tecnologías. *Lingüística y Literatura*, 43 (81), 192-213. https://doi.org/10.17533/udea.lyl.n81a09

Samper Hernández, M. (2009). *Evolución de la disponibilidad léxica en estudiantes grancanarios de enseñanza primaria y secundaria*. Cabildo de Gran Canaria.

Samper Hernández; M., Hernández Cabrera, C. E. y Samper Padilla, J. A. (2020). Incidencia del factor sexo/género en la disponibilidad léxica de niños grancanarios de 6 años. En: Gimeno Menéndez (coord.). *Lengua, sociedad y cultura: estudios dedicados a Alberto Carcedo González* (pp. 287-312). Universidad de Alicante y University of Turku.

Samper Padilla, J. A.; Hernández Cabrera, C. E. y Samper Hernández, M. (2019). Disponibilidad léxica en niños grancanarios de 6 años. Comparación con México y Costa Rica. *Ogigia*, 25, 139-163. https://doi.org/10.24197/ogigia.25.2019.139-163

Sánchez Corrales, V. y Murillo Rojas, M. (1999) Inventario del léxico disponible de los preescolares costarricenses *Káñima. Revista Artes y Letras*, XXIV (ı), 103-136.

Sánchez Corrales, V. y Murillo Rojas, M. (2006). *Disponibilidad léxica de los niños preescolares costarricenses*. Universidad de Costa Rica

Santos García, S. (2015). Disponibilidad léxica en *náayeri* (cora) y español de estudiantes bilingües de primaria: un estudio contrastivo. *Antropología. Revista Interdisciplinar del INAH*, 99, 37-49. https://revistas.inah.gob.mx/index.php/antropologia/article/view/8192

Tomé Cornejo, C. (2016). Vocabulario de la informática y las nuevas tecnologías. Caracterización desde la disponibilidad léxica. *Caracteres: Estudios Culturales y Críticos de la Esfera Digital*, 5 (1), 112-139. https://dialnet.unirioja.es/servlet/articulo?codigo=5533337

Diccionarios

7.1. Diccionarios de léxico disponible de tercer curso de educación primaria

01. Partes del cuerpo

Rango/vocablo		IDL	% Apar.	Rango/vocablo		IDL	% Apar.
1	pierna	0,40481	53	24	barriga	0,06404	11
2	mano	0,39998	54	25	hueso	0,05732	7
3	cabeza	0,36509	45	26	muñeca	0,05363	8
4	corazón	0,32462	40	27	radio	0,05324	8
5	ojo	0,30156	43	28	músculo	0,05178	7
6	brazo	0,28820	40	29	espalda	0,05039	8
7	nariz	0,24760	37	30	cuello	0,04214	6
8	pie	0,24388	37	31	lengua	0,04097	7
9	boca	0,22596	32	32	cara	0,03921	5
10	oreja	0,20944	33	33	tibia	0,03671	6
11	cráneo	0,18814	22	34	pecho	0,03540	6
12	dedo	0,17035	27	35	intestino	0,03471	5
13	pulmón	0,16237	23	36	tronco	0,03407	6
14	cerebro	0,10840	15	37	ceja	0,03390	5
15	pelo	0,09918	15	38	culo	0,03294	6
16	tobillo	0,09693	15	39	diente	0,03265	7
17	rodilla	0,08696	15	40	teta	0,03089	5
18	costilla	0,08051	12	41	cadera	0,02881	6
19	fémur	0,07882	11	42	piel	0,02864	4
20	codo	0,07757	13	43	riñón	0,02551	5
21	hombro	0,07171	12	44	labio	0,02547	5
22	columna (vertebral)	0,07135	11	45	cúbito	0,02424	4
23	estómago	0,06754	10	46	gemelo	0,02380	4

Rango/vocablo		IDL	% Apar.	Rango/vocablo		IDL	% Apar.
47	cuerpo	0,02272	3	75	genital	0,00818	1
48	hígado	0,02119	3	76	estómac	0,00818	1
49	pene	0,02094	3	77	mejilla	0,00740	1
50	húmero	0,02052	3	78	cama	0,00740	1
51	peroné	0,02004	4	79	húmer	0,00740	1
52	glúteo	0,02003	3	80	bessó	0,00740	1
53	peu	0,01938	3	81	pupila	0,00670	1
54	barbilla	0,01818	2	82	nuez	0,00670	1
55	pectoral	0,01809	2	83	bíceps	0,00670	1
56	uña	0,01462	3	84	frente	0,00670	1
57	palma	0,01401	2	85	mandíbula	0,00606	1
58	vena	0,01289	2	86	genoll	0,00607	1
59	ombligo	0,01232	3	87	intestí	0,00549	1
60	radi	0,01225	2	88	cola	0,00549	1
61	colze	0,01213	2	89	llavi	0,00549	1
62	crani	0,01000	1	90	fetge	0,00497	1
63	cap	0,01000	1	91	aleta	0,00497	1
64	célula	0,01000	1	92	colon	0,00497	1
65	pestaña	0,00998	2	93	vulva	0,00497	1
66	cintura	0,00980	3	94	mamella	0,00449	1
67	pelvis	0,00974	2	95	muslo	0,00449	1
68	espinilla	0,00955	2	96	sangre	0,00449	1
69	glutis	0,00904	1	97	clavícula	0,00406	1
70	penis	0,00904	1	98	oído	0,00332	1
71	cabellera	0,00904	1	99	menisco	0,00301	1
72	órgano	0,00904	1	100	testículo	0,00301	1
73	garganta	0,00872	2	101	peca	0,00122	1
74	abdominal	0,00818	1	102	ovario	0,00110	1

02. La ropa

Rango/vocablo		IDL	% Apar.
1	pantalón	0,40481	67
2	camiseta	0,39998	60
3	sudadera	0,36509	49
4	chaqueta	0,32462	52
5	calcetín	0,30156	51
6	camisa	0,28820	34
7	zapato	0,24760	31
8	zapatilla	0,24388	29
9	gorro	0,22596	22
10	guante	0,20944	24
11	falda	0,18814	19
12	vestido	0,17035	17
13	pantalón corto	0,16237	17
14	vaquero	0,10840	13
15	calzoncillo	0,09918	17
16	bufanda	0,09693	16
17	bañador	0,08696	14
18	top	0,08051	12
19	gorra	0,07882	14
20	jersey	0,07757	11
21	chancla	0,07171	10
22	pantalón largo	0,07135	9
23	abrigo	0,06754	9
24	suéter	0,06404	8
25	biquini	0,05732	7
26	camiseta corta	0,05363	8
27	braga	0,05324	12
28	gafas	0,05178	10
29	bota	0,05039	11
30	chándal	0,04214	5
31	chaleco	0,04097	10
32	camiseta larga	0,03921	6
33	lazo	0,03671	5
34	pendiente	0,03540	6
35	sombrero	0,03471	6
36	tirante	0,03407	5
37	malla	0,03390	6
38	diadema	0,03294	5
39	blusa	0,03265	4
40	camisa corta	0,03089	3
41	collar	0,02881	4
42	tacón	0,02864	4

Rango/vocablo		IDL	% Apar.
43	falda pantalón	0,02551	2
44	sujetador	0,02547	4
45	polo	0,02424	3
46	uniforme	0,02380	2
47	camisa larga	0,02272	2
48	calzón	0,02119	2
49	pijama	0,02094	2
50	leggings	0,02052	3
51	coleta	0,02004	2
52	sandalia	0,02003	4
53	cinturón	0,01938	4
54	turbante	0,01818	2
55	bolsa	0,01809	2
56	verano	0,01462	1
57	ropa de verano	0,01401	1
58	babi	0,01289	1
59	camiseta interior	0,01232	3
60	goma	0,01225	2
61	corbata	0,01213	2
62	ropa navideña	0,01000	1
63	ropa de invierno	0,01000	1
64	short	0,01000	1
65	pulsera	0,00998	3
66	ropa interior	0,00980	2
67	ropa de primavera	0,00974	1
68	blusa corta	0,00955	1
69	pajarita	0,00904	1
70	camisa vieja	0,00904	1
71	tutú	0,00904	1
72	sostén	0,00904	1
73	pantalón holgado	0,00872	1
74	camisa antigua	0,00818	1
75	bata	0,00818	1
76	ropa de otoño	0,00818	1
77	camiseta de invierno	0,00740	1
78	leotardo	0,00740	3
79	camisa moderna	0,00740	1
80	vaquero corto	0,00740	1
81	careta	0,00670	1
82	muñequera	0,00670	1

Rango/vocablo	IDL	% Apar.
83 camisa interior	0,00670	1
84 camiseta de lana	0,00670	1
85 cordón	0,00606	1
86 mono	0,00607	1
87 casco	0,00549	1
88 traje	0,00549	1
89 interior	0,00549	1
90 playera	0,00497	1
91 visera	0,00497	1
92 botón	0,00497	1
93 manopla	0,00497	1

Rango/vocablo	IDL	% Apar.
94 manoletina	0,00449	1
95 deportiva	0,00449	1
96 felpa	0,00449	1
97 camiseta de tirantes	0,00406	1
98 gafas de sol	0,00332	1
99 cremallera	0,00301	1
100 reloj	0,00301	1
101 chubasquero	0,00122	1
102 polar	0,00110	1
103 calza	0,00118	1

03. La casa

Rango/vocablo		IDL	% Apar.	Rango/vocablo		IDL	% Apar.
1	cocina	0,37425	52	43	parking	0,01403	2
2	puerta	0,36734	47	44	silla	0,01290	2
3	ventana	0,28577	38	45	ladrillo	0,01290	2
4	baño	0,26992	41	46	valla	0,01289	2
5	pared	0,24173	31	47	lámpara	0,01279	3
6	habitación	0,19591	30	48	luz	0,01194	2
7	comedor	0,15419	24	49	gimnasio	0,01183	2
8	techo	0,14604	20	50	bañera	0,01176	2
9	salón	0,14203	22	51	lavabo	0,01047	2
10	cuarto	0,10069	14	52	patio	0,01047	2
11	pasillo	0,08818	17	53	persiana	0,01047	2
12	tejado	0,07729	10	54	armari	0,01000	1
13	terraza	0,07587	17	55	zapatero	0,01000	1
14	suelo	0,07218	12	56	playa	0,01000	1
15	balcón	0,07173	14	57	sala	0,00991	2
16	dormitorio	0,06755	11	58	sótano	0,00934	2
17	sofá	0,06532	9	59	ordenador	0,00905	2
18	cama	0,05660	9	60	biblioteca	0,00838	2
19	escalera	0,04980	9	61	cojín	0,00837	1
20	chimenea	0,04885	8	62	cine	0,00837	1
21	jardín	0,04871	10	63	basura	0,00837	1
22	garaje	0,03753	7	64	espejo	0,00837	1
23	sala de estar	0,03447	5	65	nave	0,00837	1
24	cuadro	0,03000	3	66	toldo	0,00702	1
25	alfombra	0,02952	4	67	grifo	0,00701	1
26	entrada	0,02920	6	68	chalet	0,00701	1
27	ducha	0,02784	6	69	torre	0,00701	1
28	váter	0,02783	5	70	muro	0,00701	1
29	cuarto de baño	0,02598	4	71	enchufe	0,00691	2
30	tele(visión)	0,02540	4	72	juguete	0,00588	1
31	piscina	0,02519	7	73	estructura	0,00588	1
32	recibidor	0,02484	4	74	buhardilla	0,00588	1
33	armario	0,02439	6	75	estufa	0,00588	1
34	despacho	0,02177	4	76	departamento	0,00588	1
35	mesa	0,02095	4	77	verja	0,00588	1
36	palacio	0,02000	2	78	living	0,00588	1
37	ático	0,02000	2	79	columna	0,00588	1
38	ascensor	0,01878	3	80	reloj	0,00588	1
39	casa	0,01675	2	81	cuarto de jugar	0,00588	1
40	tubería	0,01663	3	82	hall	0,00588	1
41	pintura	0,01539	2	83	piso	0,00493	2
42	trastero	0,01474	4	84	libro	0,00492	1

Rango/vocablo	IDL	% Apar.	Rango/vocablo	IDL	% Apar.
85 caseta	0,00492	1	101 color	0,00412	1
86 escritorio	0,00492	1	102 vestidor	0,00345	1
87 mesita	0,00492	1	103 campana	0,00345	1
88 forma	0,00492	1	104 lavandería	0,00345	1
89 fregadero	0,00492	1	105 cristal	0,00345	1
90 puerta de atrás	0,00492	1	106 alarma	0,00345	1
91 guantera	0,00492	1	107 barandilla	0,00289	1
92 galería	0,00412	1	108 juego	0,00289	1
93 sala de juego	0,00412	1	109 almacén	0,00289	1
94 parque	0,00412	1	110 frigorífico	0,00289	1
95 estudio	0,00412	1	111 salita	0,00289	1
96 sillón	0,00412	1	112 despensa	0,00242	1
97 aire	0,00412	1	113 cuarto de invitados	0,00242	1
98 desván	0,00412	1	114 esquina	0,00242	1
99 jacuzzi	0,00412	1	115 cable	0,00203	1
100 planta	0,00412	1			

04. Muebles de la casa

Rango/vocablo		IDL	% Apar.
1	mesa	0,54218	75
2	cama	0,50933	68
3	armario	0,47859	63
4	silla	0,39560	59
5	sofá	0,32474	48
6	tele(visión)	0,29709	45
7	estantería	0,16130	25
8	nevera	0,15372	22
9	cajón	0,10577	15
10	escritorio	0,09470	15
11	váter	0,08437	14
12	mueble	0,08411	10
13	lámpara	0,06866	14
14	microondas	0,06355	11
15	horno	0,06329	11
16	planta	0,06293	11
17	sillón	0,05436	9
18	ducha	0,05266	10
19	cuadro	0,04105	9
20	mesita de noche	0,03967	9
21	ventana	0,03887	8
22	luz	0,03835	5
23	mesita	0,03828	6
24	flor	0,03414	5
25	lavadora	0,03389	6
26	puerta	0,03194	6
27	reloj	0,03020	6
28	juguetero	0,02970	5
29	zapatero	0,02887	4
30	ordenador	0,02835	6
31	cortina	0,02816	4
32	cocina	0,02737	4
33	bañera	0,02527	6
34	litera	0,02444	4
35	espejo	0,02433	6
36	alfombra	0,02368	5
37	estufa	0,02087	3
38	grifo	0,01969	5
39	baño	0,01713	4
40	pila	0,01678	3
41	escalera	0,01649	2
42	banco	0,01624	3

Rango/vocablo		IDL	% Apar.
43	cajonera	0,01616	2
44	estante	0,01472	4
45	papelera	0,01259	3
46	percha	0,01255	3
47	pizarra	0,01212	2
48	lavamanos	0,01212	2
49	libro	0,01205	2
50	almohada	0,01182	2
51	tendedero	0,01024	2
52	perchero	0,01015	2
53	aseo	0,01000	1
54	licuadora	0,01000	1
55	mueble de ropa	0,00974	2
56	cabezal	0,00866	1
57	rumba	0,00866	2
58	friegaplatos	0,00787	2
59	barandilla	0,00768	2
60	tablet	0,00761	1
61	lavadero	0,00750	1
62	taburete	0,00750	1
63	sala de estar	0,00750	1
64	cuarto	0,00750	1
65	radio	0,00750	1
66	lavabo	0,00724	2
67	lavavajillas	0,00659	2
68	cosa de baño	0,00649	1
69	alacena	0,00649	1
70	estudio	0,00649	1
71	cuna	0,00649	1
72	dormitorio	0,00649	1
73	foto	0,00641	1
74	tostadora	0,00562	1
75	mesa plegable	0,00562	1
76	cosa de cocina	0,00562	1
77	banco de la cocina	0,00562	1
78	mando	0,00562	1
79	mármol	0,00562	1
80	pica	0,00562	1
81	habitación	0,00562	1
82	retrete	0,00487	1
83	maceta	0,00487	1

Rango/vocablo	IDL	% Apar.
84 alexa	0,00487	1
85 jarrón	0,00422	1
86 despertador	0,00422	1
87 cojín	0,00422	1
88 cámara	0,00422	1
89 bola del mundo	0,00422	1
90 bancada	0,00422	1
91 calefacción	0,00422	1
92 jardín	0,00422	1
93 lavaplatos	0,00422	1
94 despensa	0,00422	1
95 ventilador	0,00365	1

Rango/vocablo	IDL	% Apar.
96 mando de tele(visión)	0,00365	1
97 congelador	0,00365	1
98 aire acondicionado	0,00365	1
99 timbre	0,00365	1
100 caja	0,00316	1
101 ratón de ordenador	0,00316	1
102 enchufe	0,00316	1
103 cepillo	0,00274	1
104 frigorífico	0,00274	1
105 computadora	0,00237	1
106 barra	0,00115	1

05. Alimentos y bebidas

Rango/vocablo	IDL	% Apar.	Rango/vocablo	IDL	% Apar.
1 agua	0,47403	62	43 sushi	0,04208	7
2 coca cola	0,46913	55	44 yogur	0,03955	7
3 fanta	0,35735	49	45 tarta	0,03836	7
4 hamburguesa	0,27936	40	46 tortilla	0,03558	5
5 aquarius	0,22337	33	47 fideuá	0,03494	6
6 manzana	0,19481	32	48 uva	0,03221	5
7 pizza	0,19371	29	49 jamón	0,03211	7
8 macarrón	0,14633	28	50 lasaña	0,03105	6
9 plátano	0,13115	25	51 pepino	0,03063	6
10 naranja	0,12229	21	52 mandarina	0,02971	7
11 pescado	0,11457	24	53 lenteja	0,02955	8
12 tomate	0,11444	26	54 salchicha	0,02927	5
13 espagueti	0,11379	19	55 nestea	0,02869	5
14 pepsi	0,11337	18	56 cereal	0,02789	7
15 arroz	0,11114	17	57 verdura	0,02705	4
16 chocolate	0,10919	19	58 sprite	0,02566	4
17 pera	0,10475	22	59 bocata	0,02472	6
18 pan	0,09487	18	60 flan	0,02437	3
19 carne	0,09478	18	61 sándwich	0,02393	5
20 leche	0,09271	24	62 melocotón	0,02370	6
21 patata	0,09070	17	63 puré	0,02281	5
22 pollo	0,09040	16	64 pasta	0,02247	4
23 fresa	0,08928	20	65 aguacate	0,02240	5
24 brócoli	0,08754	13	66 donut	0,02235	5
25 zumo	0,08719	13	67 pechuga	0,02219	4
26 zanahoria	0,08644	14	68 monster	0,02176	3
27 ensalada	0,08442	15	69 fanta naranja	0,02168	3
28 cerveza	0,07205	10	70 champín	0,02152	4
29 lechuga	0,06746	14	71 chorizo	0,02143	5
30 sandía	0,06686	13	72 piña	0,02099	5
31 limón	0,06180	12	73 melón	0,02086	6
32 paella	0,06180	11	74 chuche	0,02044	4
33 bocadillo	0,05766	11	75 alcohol	0,02026	3
34 nuguet	0,05467	10	76 garbanzo	0,02009	4
35 queso	0,05330	11	77 gaseosa	0,02000	2
36 helado	0,05235	12	78 fruta	0,01774	3
37 trina	0,05162	8	79 champán	0,01639	3
38 galleta	0,04985	15	80 fanta limón	0,01616	2
39 sopa	0,04916	10	81 papa	0,01616	2
40 vino	0,04604	7	82 huevo frito	0,01578	2
41 huevo	0,04497	8	83 poma	0,01578	2
42 fideo	0,04296	8	84 pimiento	0,01541	2

Rango/vocablo	IDL	% Apar.	Rango/vocablo	IDL	% Apar.
85 pipas	0,01518	2	128 cola cao	0,00719	1
86 gamba	0,01508	3	129 caramelo	0,00685	2
87 café	0,01434	3	130 chupa chup	0,00672	2
88 huevo duro	0,01414	2	131 ensaladilla	0,00645	1
89 cereza	0,01369	3	132 taco	0,00645	1
90 kiwi	0,01317	3	133 hervido	0,00645	1
91 filete	0,01312	2	134 radler	0,00645	1
92 turrón	0,01299	2	135 vino tinto	0,00645	1
93 pepinillo	0,01298	2	136 nuez	0,00645	1
94 güisqui	0,01238	2	137 tostada	0,00641	2
95 polo	0,01229	3	138 cruasán	0,00634	2
96 berenjena	0,01163	2	139 gelatina	0,00578	1
97 piruleta	0,01150	4	140 pastilla	0,00578	1
98 lomo	0,01061	2	141 chupito	0,00578	1
99 longaniza	0,01036	2	142 alita (de pollo)	0,00578	1
100 caracol	0,01000	1	143 gominola	0,00578	1
101 espiral	0,01000	1	144 llonganissa	0,00578	1
102 fruta del dragón	0,00934	2	145 cacahuete	0,00578	1
103 nocilla	0,00934	2	146 seta	0,00568	2
104 calabaza	0,00934	2	147 cebolla	0,00568	2
105 coca	0,00912	2	148 nacho	0,00537	2
106 maíz	0,00912	2	149 barbacoa	0,00518	1
107 tortita	0,00901	4	150 almendra	0,00518	1
108 asado	0,00896	1	151 tallarín	0,00518	1
109 rosco	0,00896	1	152 rabo	0,00518	1
110 zumo de piña	0,00896	1	153 ravioli	0,00518	1
111 alubia	0,00891	2	154 croqueta de jamón	0,00518	1
112 palomitas	0,00878	2	155 batido	0,00518	1
113 ramen	0,00846	2	156 cava	0,00518	1
114 oliva	0,00838	2	157 mayonesa	0,00518	1
115 pollo frito	0,00832	2	158 natilla	0,00518	1
116 caldo	0,00819	2	159 espinaca	0,00518	1
117 guisado	0,00803	1	160 salchichón	0,00481	2
118 coliflor	0,00803	1	161 agua con gas	0,00464	1
119 pavo	0,00803	1	162 pistacho	0,00464	1
120 hot dog	0,00803	1	163 legumbre	0,00464	1
121 pez	0,00803	1	164 mona	0,00464	1
122 red bull	0,00803	1	165 morro	0,00464	1
123 arándano	0,00789	2	166 quico	0,00464	1
124 calabacín	0,00789	2	167 atún	0,00464	1
125 mango	0,00750	2	168 patata frita	0,00464	1
126 cordero	0,00719	1	169 tortilla de patata	0,00464	1
127 chip	0,00719	1	170 croqueta	0,00462	2

Rango/vocablo	IDL	% Apar.	Rango/vocablo	IDL	% Apar.
171 mermelada	0,00416	1	195 champiñón	0,00334	1
172 gofre	0,00416	1	196 nata	0,00299	1
173 zumo de naranja	0,00416	1	197 crep	0,00299	1
174 rosquilleta	0,00416	1	198 nutella	0,00299	1
175 jamón york	0,00416	1	199 coca en sal	0,00299	1
176 salmón	0,00416	1	200 limonada	0,00299	1
177 caqui	0,00416	1	201 bola de pollo	0,00299	1
178 salami	0,00416	1	202 soja	0,00299	1
179 actimel	0,00416	1	203 perrito caliente	0,00299	1
180 castaña	0,00416	1	204 mantequilla	0,00268	1
181 san jacobo	0,00416	1	205 coca cola cero	0,00268	1
182 ron	0,00373	1	206 frambuesa	0,00268	1
183 jamón serrano	0,00373	1	207 azúcar	0,00268	1
184 mejillón	0,00373	1	208 costilla	0,00240	1
185 bebida energética	0,00373	1	209 horchata	0,00240	1
186 saladito	0,00346	2	210 guacamole	0,00240	1
187 frankfurt	0,00334	1	211 albóndiga	0,00240	1
188 tutti fruta	0,00334	1	212 gusanito	0,00215	1
189 coñac	0,00334	1	213 arroz a la cubana	0,00215	1
190 refresco	0,00334	1	214 aceite	0,00215	1
191 kas	0,00334	1	215 canelón	0,00215	1
192 empanadilla	0,00334	1	216 merluza	0,00215	1
193 bacón	0,00334	1	217 sirope	0,00139	1
194 albaricoque	0,00334	1	218 cochinillo	0,00111	1

06. La escuela

Rango/vocablo		IDL	% Apar.
1	estuche	0,47606	64
2	mesa	0,45461	62
3	pizarra	0,41740	60
4	silla	0,41083	59
5	libro	0,40044	64
6	lápiz	0,34563	50
7	patio	0,33968	45
8	mochila	0,25890	46
9	goma	0,20543	31
10	bolí(grafo)	0,19350	31
11	profe(sor)	0,16647	25
12	libreta	0,16488	29
13	ventana	0,15487	27
14	clase	0,14846	22
15	rotu(lador)	0,11468	21
16	puerta	0,11049	17
17	comedor	0,08424	13
18	pegamento	0,07449	12
19	colores	0,07369	14
20	sacapuntas	0,07236	13
21	biblioteca	0,07110	10
22	ordenador	0,06580	13
23	regla	0,05995	12
24	baño	0,05890	9
25	tijeras	0,05223	13
26	dibujo	0,05020	10
27	flauta	0,04813	7
28	armario	0,04762	9
29	gimnasio	0,04756	7
30	escalera	0,04622	9
31	estantería	0,04501	8
32	carpesano	0,04488	10
33	examen	0,04469	7
34	agenda	0,04097	9
35	pelota	0,03996	8
36	papelera	0,03927	7
37	juego	0,03879	9
38	niño	0,03847	7
39	ceras	0,03273	6
40	papel	0,03187	5
41	alumno	0,03007	5
42	persiana	0,02843	6

Rango/vocablo		IDL	% Apar.
43	cocina	0,02772	5
44	tele(visión)	0,02753	4
45	cajón	0,02628	5
46	calendario	0,02498	4
47	aula	0,02487	4
48	maestro	0,02456	3
49	carpeta	0,02443	5
50	luz	0,02372	5
51	tiza	0,02357	5
52	mapa	0,02322	4
53	deberes	0,02299	4
54	almuerzo	0,02296	4
55	basura	0,02281	5
56	alarma	0,02239	4
57	música	0,02205	4
58	arena	0,02119	3
59	dirección	0,01904	4
60	tobogán	0,01807	3
61	persona	0,01734	2
62	columpio	0,01723	2
63	radiador	0,01637	2
64	despacho	0,01605	3
65	hoja	0,01599	3
66	ficha	0,01595	5
67	lápiz de color	0,01561	3
68	pizarra digital	0,01481	2
69	agua	0,01424	3
70	pintura	0,01411	2
71	gimnasia	0,01367	2
72	inglés	0,01272	2
73	cartulina	0,01270	3
74	aula de música	0,01213	2
75	cortina	0,01206	2
76	informática	0,01166	2
77	portería	0,01136	3
78	pantalla	0,01128	3
79	folio	0,01128	3
80	matemáticas	0,01108	2
81	mueble	0,01103	2
82	casillero	0,01073	2
83	pasillo	0,01042	2
84	diccionario	0,01038	2

Rango/vocablo		IDL	% Apar.
85	manley	0,01013	2
86	cuadro	0,01000	1
87	asignatura	0,01000	1
88	aula de matemáticas	0,01000	1
89	escritorio	0,00998	2
90	pista	0,00974	2
91	número	0,00955	2
92	caja	0,00945	2
93	básquet	0,00916	2
94	aula de valenciano	0,00904	1
95	escuela	0,00904	1
96	rotu(lador) de pizarra	0,00898	2
97	gomaeva	0,00861	3
98	carro	0,00853	2
99	mapa del mundo	0,00818	1
100	perchero	0,00797	2
101	tablet	0,00797	2
102	pared	0,00782	2
103	cancha	0,00782	2
104	banco	0,00774	2
105	bocata	0,00740	1
106	asamblea	0,00740	1
107	babi	0,00740	1
108	alfabeto	0,00740	1
109	futbol	0,00740	1
110	estufa	0,00707	2
111	compañero	0,00670	1
112	lavabo	0,00670	1
113	celo	0,00670	1
114	altavoz	0,00670	1
115	crayola	0,00670	1
116	piano	0,00670	1
117	botella	0,00653	2
118	árbol	0,00634	2
119	art	0,00606	1
120	pancarta	0,00606	1
121	pincel	0,00548	1
122	conserjería	0,00548	1
123	aula de inglés	0,00548	1
124	bolsita	0,00548	1
125	tierra	0,00548	1

Rango/vocablo		IDL	% Apar.
126	plastilina	0,00548	1
127	pista de fútbol	0,00548	1
128	chaqueta	0,00517	1
129	cristal	0,00496	1
130	aula de medio	0,00496	1
131	techo	0,00496	1
132	grapadora	0,00496	1
133	mes	0,00496	1
134	tipp-ex	0,00496	1
135	bedel	0,00496	1
136	pista de básquet	0,00496	1
137	rotu(lador) azul	0,00449	1
138	bocadillo	0,00449	1
139	aula de valencià	0,00449	1
140	lista	0,00449	1
141	canasta	0,00449	1
142	aire acondicionado	0,00449	1
143	mapamundi	0,00449	1
144	bolsita de educación física	0,00449	1
145	menjador	0,00449	1
146	fuente	0,00406	1
147	cuaderno	0,00406	1
148	religión	0,00406	1
149	abecedario	0,00406	1
150	comida	0,00406	1
151	balcón	0,00406	1
152	cable	0,00406	1
153	bandeja	0,00406	1
154	proyector	0,00406	1
155	cubo	0,00406	1
156	plastidecor	0,00367	1
157	pala	0,00367	1
158	aula de castellano	0,00367	1
159	lengua	0,00367	1
160	anglés	0,00332	1
161	estudio	0,00332	1
162	ventilador	0,00332	1
163	castellano	0,00332	1
164	cinema	0,00332	1
165	planta	0,00332	1
166	cantina	0,00332	1
167	limpiadora	0,00301	1

Rango/vocablo	IDL	% Apar.	Rango/vocablo	IDL	% Apar.
168 compás	0,00301	1	174 cocinera	0,00272	1
169 valenciano	0,00301	1	175 campo de fútbol	0,00272	1
170 librería	0,00301	1	176 sofá	0,00272	1
171 juguete	0,00301	1	177 cinta	0,00246	1
172 cartel	0,00272	1	178 amigo	0,00246	1
173 horario	0,00272	1	179 aseo	0,00201	1

07. La ciudad

Rango/vocablo	IDL	% Apar.	Rango/vocablo	IDL	% Apar.
1 edificio	0,41647	49	43 museo	0,02591	4
2 casa	0,37880	53	44 ventana	0,02525	5
3 coche	0,33601	46	45 apartamento	0,02471	4
4 tienda	0,24475	34	46 policía	0,02423	5
5 carretera	0,20124	33	47 universidad	0,02372	6
6 parque	0,18291	28	48 puente	0,02311	5
7 árbol	0,15092	26	49 biblioteca	0,02303	3
8 semáforo	0,14331	21	50 agua	0,02297	4
9 farola	0,09602	13	51 cine	0,02121	4
10 persona	0,09147	19	52 arbusto	0,02107	4
11 campo de fútbol	0,08549	13	53 iglesia	0,02038	3
12 escuela	0,07989	15	54 camión	0,02024	3
13 rascacielos	0,07501	10	55 fábrica	0,02005	3
14 colegio	0,06884	14	56 bici(cleta)	0,01988	4
15 calle	0,06631	10	57 panadería	0,01964	3
16 campo	0,05783	9	58 heladería	0,01897	3
17 perro	0,05719	10	59 señal	0,01843	3
18 supermercado	0,05652	9	60 Alzira	0,01763	2
19 acera	0,05175	7	61 avión	0,01610	3
20 basura	0,05064	7	62 hierba	0,01582	2
21 banco	0,04879	7	63 animal	0,01557	3
22 (auto)bús	0,04766	8	64 hospital	0,01543	3
23 finca	0,04531	9	65 Barcelona	0,01540	3
24 plaza	0,04398	7	66 estanco	0,01526	2
25 paso de cebra	0,04241	6	67 tren	0,01478	3
26 hotel	0,04211	8	68 Madrid	0,01429	2
27 restaurante	0,04123	8	69 pájaro	0,01414	3
28 gato	0,04018	7	70 estatua	0,01355	3
29 corte inglés	0,04002	5	71 mercado	0,01345	2
30 fuente	0,03860	8	72 furgoneta	0,01271	2
31 montaña	0,03762	5	73 ambulancia	0,01271	2
32 piso	0,03727	7	74 centro comercial	0,01264	3
33 gente	0,03710	7	75 consum	0,01263	3
34 mercadona	0,03526	7	76 carrera	0,01207	2
35 moto(cicleta)	0,03245	5	77 río	0,01202	3
36 bar	0,03188	5	78 ciudad	0,01175	2
37 cafetería	0,03171	6	79 teatro	0,01175	2
38 planta	0,03022	6	80 obra	0,01151	2
39 flor	0,02958	5	81 piscina	0,01104	3
40 gimnasio	0,02747	3	82 puerta	0,01102	2
41 oficina	0,02725	4	83 playa	0,01102	2
42 Valencia	0,02636	3	84 banco de dinero	0,01090	2

Rango/vocablo	IDL	% Apar.	Rango/vocablo	IDL	% Apar.
85 médico	0,01017	2	127 capital	0,00666	1
86 mercadillo	0,01005	2	128 escalera	0,00666	1
87 ascensor	0,01000	1	129 hoja	0,00666	1
88 metro	0,01000	1	130 lámpara	0,00666	1
89 ruido	0,01000	1	131 Paiporta	0,00666	1
90 mcdonald's	0,01000	1	132 periquito	0,00666	1
91 tráfico	0,01000	1	133 falla	0,00666	1
92 Rafelbunyol	0,01000	1	134 aeropuerto	0,00646	2
93 hamburguesería	0,01000	1	135 instituto	0,00641	2
94 Torre Eiffel	0,01000	1	136 jardín	0,00592	2
95 parada de (auto) bús	0,00989	2	137 mueble	0,00592	2
			138 estación	0,00582	1
96 valla	0,00952	2	139 ratón	0,00582	1
97 ayuntamiento	0,00935	2	140 pared	0,00582	1
98 palmera	0,00888	2	141 centro	0,00582	1
99 escultura	0,00888	2	142 plaza de toros	0,00582	1
100 ruina	0,00873	1	143 Sevilla	0,00582	1
101 Carcaixent	0,00873	1	144 Museros	0,00582	1
102 Mestalla	0,00873	1	145 tenis	0,00582	1
103 torre	0,00873	1	146 replaza	0,00582	1
104 aire	0,00847	2	147 dibujo	0,00582	1
105 parada	0,00847	2	148 mosquito	0,00582	1
106 librería	0,00832	2	149 monumento	0,00582	1
107 polideportivo	0,00817	2	150 hipermercado	0,00582	1
108 bombero	0,00779	2	151 pizzería	0,00582	1
109 fútbol	0,00763	1	152 aparcamiento	0,00582	1
110 lavandería	0,00763	1	153 rosa	0,00582	1
111 tractor	0,00763	1	154 patinete	0,00565	2
112 estación de metro	0,00763	1	155 pabellón	0,00511	2
113 caravana	0,00763	1	156 academia	0,00508	1
114 oceanográfico	0,00763	1	157 construcción	0,00508	1
115 casita	0,00763	1	158 reja	0,00508	1
116 Picanya	0,00763	1	159 ferretería	0,00508	1
117 avenida	0,00763	1	160 trabajo	0,00508	1
118 paloma	0,00763	1	161 salón	0,00508	1
119 silla	0,00740	2	162 exposición	0,00508	1
120 cárcel	0,00740	2	163 chocolate	0,00508	1
121 paso de peatón	0,00727	2	164 farmacia	0,00508	1
122 Francia	0,00666	1	165 ajuntament	0,00508	1
123 dia	0,00666	1	166 básquet	0,00508	1
124 ave	0,00666	1	167 taxi	0,00508	1
125 Levante	0,00666	1	168 garaje	0,00508	1
126 publicidad	0,00666	1	169 vehículo	0,00508	1

Rango/vocablo		IDL	% Apar.
170	contaminación	0,00508	1
171	prisión	0,00508	1
172	tierra	0,00508	1
173	Massamagrell	0,00508	1
174	girasol	0,00508	1
175	niño	0,00468	1
176	joyería	0,00444	1
177	antena	0,00444	1
178	espantapájaros	0,00444	1
179	villano	0,00444	1
180	helicóptero	0,00444	1
181	charter	0,00444	1
182	videojuegos	0,00444	1
183	transporte	0,00444	1
184	chocolatería	0,00444	1
185	campo de básquet	0,00444	1
186	mansión	0,00444	1
187	estadio	0,00444	1
188	rótulo	0,00388	1
189	naranja	0,00388	1
190	nido	0,00388	1
191	aldi	0,00388	1
192	violencia	0,00388	1
193	piedra	0,00388	1
194	discoteca	0,00388	1
195	clase	0,00388	1
196	circo	0,00388	1
197	supeco	0,00388	1
198	carril bici	0,00388	1

Rango/vocablo		IDL	% Apar.
199	burguer king	0,00388	1
200	lidl	0,00339	1
201	dentista	0,00339	1
202	monopatín	0,00339	1
203	quiosco	0,00339	1
204	mercat	0,00339	1
205	bolera	0,00339	1
206	barrio	0,00339	1
207	humo	0,00339	1
208	conejo	0,00339	1
209	escuela de baile	0,00339	1
210	bicho	0,00296	1
211	puerto	0,00296	1
212	patín	0,00296	1
213	autovía	0,00296	1
214	chalet	0,00258	1
215	comisaria	0,00258	1
216	bioparc	0,00258	1
217	cruce	0,00226	1
218	balcón	0,00226	1
219	zoo(lógico)	0,00226	1
220	parking	0,00226	1
221	ropa	0,00226	1
222	bebida	0,00197	1
223	safari	0,00197	1
224	residencia	0,00150	1
225	campo de deportes	0,00131	1
226	barandilla	0,00115	1
227	balón	0,00115	1

08. El campo

Rango/vocablo		IDL	% Apar.
1	árbol	0,54101	71
2	planta	0,32155	44
3	flor	0,30372	43
4	hierba	0,22705	29
5	animal	0,18088	24
6	tierra	0,17102	28
7	naranja	0,15480	21
8	piedra	0,15150	22
9	conejo	0,13921	21
10	perro	0,07875	11
11	río	0,07520	13
12	casa	0,07263	11
13	montaña	0,07057	10
14	limón	0,06266	9
15	pájaro	0,06226	12
16	tomate	0,05948	8
17	gato	0,05859	9
18	hoja	0,05499	10
19	césped	0,05116	7
20	manzana	0,04980	9
21	vaca	0,04957	7
22	fruta	0,04869	6
23	fresa	0,04700	8
24	arbusto	0,04683	8
25	caballo	0,04501	7
26	verdura	0,04480	5
27	naranjo	0,04467	5
28	zanahoria	0,04282	7
29	lago	0,04217	7
30	persona	0,04190	7
31	agua	0,04182	9
32	zorro	0,03994	7
33	mariposa	0,03846	6
34	margarita	0,03797	6
35	pino	0,03554	6
36	cerdo	0,03507	5
37	rosa	0,03262	5
38	gallina	0,03254	5
39	roca	0,03010	4
40	granja	0,03000	3
41	trigo	0,02947	4
42	rata	0,02850	4

Rango/vocablo		IDL	% Apar.
43	oveja	0,02850	4
44	lechuga	0,02795	4
45	parque	0,02784	5
46	abeja	0,02525	4
47	gusano	0,02521	4
48	cabra	0,02460	4
49	campo	0,02401	3
50	pimiento	0,02158	4
51	rosal	0,02133	4
52	arena	0,02097	3
53	sol	0,02083	4
54	pera	0,02074	4
55	rana	0,02010	3
56	tractor	0,01964	3
57	ardilla	0,01912	3
58	bicho	0,01878	4
59	caseta	0,01819	3
60	camino	0,01810	4
61	escorpión	0,01782	3
62	mariquita	0,01771	4
63	rama	0,01756	4
64	acequia	0,01745	3
65	hierbajo	0,01708	3
66	granjero	0,01663	3
67	mora	0,01642	3
68	palmera	0,01584	3
69	ciervo	0,01581	2
70	mandarina	0,01576	3
71	cactus	0,01570	2
72	uva	0,01553	3
73	mosquito	0,01539	3
74	valla	0,01520	3
75	gallinero	0,01502	2
76	cascada	0,01502	2
77	cabaña	0,01484	2
78	gente	0,01480	2
79	herramienta	0,01480	2
80	oso	0,01480	2
81	lagarto	0,01443	3
82	violeta	0,01432	2
83	hormiga	0,01401	2
84	cultivo	0,01331	2

Rango/vocablo		IDL	% Apar.	Rango/vocablo		IDL	% Apar.
85	comida	0,01298	2	128	caña	0,00785	1
86	pasto	0,01269	2	129	huerto	0,00759	2
87	jabalí	0,01214	2	130	pez	0,00759	2
88	pepino	0,01214	2	131	aire	0,00744	2
89	melón	0,01161	3	132	mosca	0,00716	2
90	águila	0,01150	2	133	cucaracha	0,00695	1
91	tronco	0,01120	2	134	arroyo	0,00695	1
92	sandía	0,01092	2	135	riu	0,00695	1
93	libélula	0,01092	2	136	paja	0,00695	1
94	liebre	0,01045	2	137	pato	0,00695	1
95	toro	0,01032	2	138	altiplano	0,00695	1
96	asno	0,01000	1	139	esparraguera	0,00695	1
97	nieve	0,01000	1	140	banco	0,00695	1
98	espárrago	0,01000	1	141	cereza	0,00695	1
99	azada	0,01000	1	142	lobo	0,00673	2
100	caracol	0,01000	1	143	naturaleza	0,00636	2
101	mata	0,01000	1	144	calabacín	0,00616	1
102	araña	0,00967	2	145	tortuga	0,00616	1
103	niño	0,00967	2	146	fruto	0,00616	1
104	puente	0,00912	2	147	piscina	0,00616	1
105	ortiga	0,00886	1	148	pollo	0,00616	1
106	cereal	0,00886	1	149	labrador	0,00616	1
107	pueblo	0,00886	1	150	mostaza	0,00616	1
108	excursión	0,00886	1	151	haba	0,00616	1
109	alergia	0,00886	1	152	depresión	0,00616	1
110	coche	0,00886	1	153	musgo	0,00616	1
111	tienda	0,00886	1	154	paloma	0,00596	2
112	sierra	0,00886	1	155	ciruelo	0,00546	1
113	limonero	0,00857	2	156	arma	0,00546	1
114	espantapájaros	0,00820	2	157	serpiente	0,00546	1
115	cielo	0,00808	2	158	cóndor	0,00546	1
116	amapola	0,00785	1	159	insecto	0,00546	1
117	nuez	0,00785	1	160	brócoli	0,00546	1
118	níspero	0,00785	1	161	girasol	0,00546	1
119	taronger	0,00785	1	162	tossal	0,00546	1
120	casita	0,00785	1	163	puerco espín	0,00546	1
121	ave	0,00785	1	164	jardín	0,00484	1
122	campaña	0,00785	1	165	tulipán	0,00484	1
123	jardinero	0,00785	1	166	llenya	0,00484	1
124	picnic	0,00785	1	167	nido	0,00484	1
125	gespa	0,00785	1	168	cazador	0,00484	1
126	almendro	0,00785	1	169	vegetal	0,00484	1
127	morera	0,00785	1	170	zarzamora	0,00484	1

Rango/vocablo	IDL	% Apar.
171 hormiguero	0,00484	1
172 huevo	0,00484	1
173 patata	0,00429	1
174 carretera	0,00429	1
175 más campo	0,00429	1
176 romero	0,00429	1
177 calabaza	0,00380	1
178 garrapata	0,00380	1
179 león	0,00380	1
180 red	0,00380	1
181 senda	0,00380	1
182 saltamontes	0,00336	1
183 zarzal	0,00336	1
184 cerezo	0,00336	1
185 salmón	0,00336	1
186 huerta	0,00336	1
187 caca	0,00336	1
188 maceta	0,00336	1
189 estiércol	0,00336	1

Rango/vocablo	IDL	% Apar.
190 ciempiés	0,00336	1
191 avispa	0,00336	1
192 col	0,00298	1
193 bicho bola	0,00298	1
194 paraguayo	0,00264	1
195 talador	0,00264	1
196 mago	0,00264	1
197 nube	0,00264	1
198 loro	0,00234	1
199 subida	0,00234	1
200 bolsa	0,00234	1
201 helecho	0,00207	1
202 oruga	0,00207	1
203 persimon	0,00207	1
204 basura	0,00207	1
205 berenjena	0,00184	1
206 hacha	0,00163	1
207 trébol	0,00113	1

09. Medios de transporte

Rango/vocablo		IDL	% Apar.
1	coche	0,79950	96
2	avión	0,54016	77
3	(auto)bús	0,34594	53
4	barco	0,33995	58
5	tren	0,32731	51
6	moto(cicleta)	0,31370	55
7	camión	0,22407	40
8	bici(cleta)	0,21995	43
9	helicóptero	0,14087	31
10	metro	0,13124	20
11	patinete	0,12106	25
12	taxi	0,10296	21
13	submarino	0,07443	17
14	tranvía	0,06251	11
15	furgoneta	0,05876	13
16	patín	0,03967	10
17	(lancha) motora	0,03189	8
18	barca	0,02980	9
19	tractor	0,02685	6
20	mar	0,02676	3
21	avioneta	0,02532	7
22	yate	0,02460	6
23	camioneta	0,02362	5
24	aire	0,02195	3
25	caballo	0,02135	6
26	caravana	0,01807	5
27	carroza	0,01783	3
28	cohete	0,01783	3
29	velero	0,01738	7
30	carro	0,01721	4
31	limusina	0,01665	5
32	monopatín	0,01645	6
33	ambulancia	0,01522	3
34	carretera	0,01404	2
35	crucero	0,01358	4
36	ferrari	0,01331	2
37	caminando	0,01138	4
38	triciclo	0,01048	3
39	altura	0,01000	1
40	skate	0,00926	4
41	ave	0,00906	2
42	buggy	0,00838	1

Rango/vocablo		IDL	% Apar.
43	tierra	0,00838	1
44	todoterreno	0,00838	1
45	coche de policía	0,00703	2
46	toyota	0,00702	1
47	locomotora	0,00702	1
48	vespa	0,00656	2
49	rueda	0,00636	2
50	canoa	0,00617	3
51	ciclo	0,00588	1
52	nave	0,00588	1
53	supercoche	0,00588	1
54	4x4	0,00493	1
55	transporte público	0,00493	1
56	camión de basura	0,00493	1
57	a pie	0,00493	1
58	camión de cemento	0,00413	1
59	lamborghini	0,00413	1
60	animal	0,00413	1
61	deportivo	0,00413	1
62	mula	0,00346	1
63	paracaídas	0,00346	1
64	dirigible	0,00346	1
65	al paso	0,00346	1
66	globo estático	0,00346	1
67	camión de comida	0,00346	1
68	andando	0,00346	1
69	yate de lujo	0,00346	1
70	moto(cicleta) acuática	0,00290	1
71	carruaje	0,00243	1
72	grúa	0,00243	1
73	moto(cicleta) de agua	0,00243	1
74	corriendo	0,00243	1
75	tanque	0,00243	1
76	camión de bomberos	0,00243	1
77	bici(cleta) eléctrica	0,00243	1
78	moto(cicleta) de policía	0,00203	1
79	caza	0,00203	1

Rango/vocablo	IDL	% Apar.
80 bugatti	0,00203	1
81 carricoche	0,00203	1
82 a bracito	0,00203	1

Rango/vocablo	IDL	% Apar.
83 remolque	0,00170	1
84 bici(cleta) de motor	0,00143	1
85 excavadora	0,00120	1

10. Animales

Rango/vocablo		IDL	% Apar.
1	perro	0,58998	76
2	gato	0,52416	70
3	león	0,44341	62
4	tigre	0,28431	44
5	pájaro	0,24366	39
6	tiburón	0,23977	44
7	caballo	0,23118	33
8	conejo	0,22506	31
9	pez	0,20943	40
10	mono	0,19114	30
11	elefante	0,16405	25
12	cerdo	0,15470	26
13	vaca	0,13607	22
14	jirafa	0,13220	22
15	cebra	0,13201	22
16	ballena	0,12315	21
17	oso	0,11820	23
18	tortuga	0,11311	20
19	cocodrilo	0,11015	20
20	águila	0,10389	19
21	cabra	0,10199	16
22	gallina	0,09604	17
23	serpiente	0,09249	16
24	zorro	0,08907	13
25	leopardo	0,07249	12
26	delfín	0,06060	12
27	pingüino	0,06501	14
28	pato	0,05873	11
29	ratón	0,05607	11
30	ciervo	0,05413	8
31	toro	0,05311	8
32	rinoceronte	0,05174	10
33	gallo	0,04983	9
34	loro	0,04953	9
35	oveja	0,04922	11
36	hámster	0,04865	12
37	gorila	0,04385	10
38	ardilla	0,04321	7
39	jabalí	0,04206	7
40	araña	0,04085	9
41	lobo	0,03996	9
42	(oso) panda	0,03960	7

Rango/vocablo		IDL	% Apar.
43	rana	0,03815	7
44	hipopótamo	0,03776	8
45	pollo	0,03766	5
46	mariposa	0,03702	8
47	koala	0,03644	6
48	abeja	0,03580	9
49	burro	0,03453	7
50	guepardo	0,03359	6
51	puma	0,03345	8
52	cucaracha	0,03334	8
53	gaviota	0,03243	7
54	(oso) polar	0,03217	5
55	rata	0,03125	7
56	pulpo	0,03047	7
57	periquito	0,02605	4
58	dinosaurio	0,02520	4
59	pantera	0,02414	6
60	camello	0,02400	4
61	avestruz	0,02342	8
62	lagarto	0,02293	4
63	mosquito	0,02280	4
64	medusa	0,02221	6
65	poni	0,02041	4
66	camaleón	0,01851	6
67	persona	0,01797	3
68	flamenco	0,01710	3
69	calamar	0,01673	4
70	capibara	0,01637	2
71	iguana	0,01594	3
72	paloma	0,01505	3
73	estrella de mar	0,01491	3
74	ornitorrinco	0,01415	3
75	canguro	0,01405	3
76	sapo	0,01401	2
77	(oso) pardo	0,01375	3
78	liebre	0,01373	3
79	caracol	0,01368	2
80	caballito de mar	0,01279	3
81	lagartija	0,01225	3
82	gusano	0,01166	3
83	escorpión	0,01147	2
84	jaguar	0,01142	3

Rango/vocablo		IDL	% Apar.
85	estornino	0,01110	3
86	saltamontes	0,01099	3
87	pez globo	0,01074	2
88	buey	0,01069	3
89	ballena azul	0,01064	3
90	chimpancé	0,01042	3
91	murciélago	0,01040	3
92	erizo	0,01013	2
93	ave	0,01000	1
94	corrematas	0,01000	1
95	búho	0,01000	1
96	orangután	0,00955	2
97	foca	0,00908	2
98	rebaño	0,00905	1
99	pez payaso	0,00900	3
100	pavo real	0,00882	2
101	colibrí	0,00830	2
102	caballa	0,00819	1
103	escarabajo	0,00819	1
104	cacatúa	0,00819	1
105	libélula	0,00803	3
106	manta raya	0,00795	2
107	culebra	0,00782	2
108	unicornio	0,00774	2
109	cangrejo	0,00774	2
110	gacela	0,00741	1
111	armadillo	0,00741	1
112	lince	0,00741	1
113	canario	0,00741	1
114	mariquita	0,00729	2
115	llama	0,00708	2
116	avispa	0,00696	2
117	minotauro	0,00670	1
118	cuervo	0,00670	1
119	pangolín	0,00670	1
120	castor	0,00670	1
121	mapache	0,00669	2
122	orca	0,00640	2
123	tiburón martillo	0,00607	1

Rango/vocablo		IDL	% Apar.
124	puerco	0,00607	1
125	zarigüeya	0,00607	1
126	pavo	0,00607	1
127	dragón de Komodo	0,00549	1
128	gorrión	0,00549	1
129	pollito	0,00549	1
130	halcón	0,00549	1
131	(oso) perezoso	0,00549	1
132	reno	0,00548	2
133	basilisco	0,00497	1
134	ocelote	0,00497	1
135	mosca	0,00497	1
136	cigüeña	0,00496	2
137	bicho	0,00449	1
138	león marino	0,00449	1
139	lémur	0,00449	1
140	coyote	0,00449	1
141	cisne	0,00449	1
142	hormiga	0,00449	1
143	yegua	0,00407	1
144	gato montés	0,00407	1
145	cachalote	0,00407	1
146	asno	0,00407	1
147	búfalo	0,00407	1
148	puerco espín	0,00368	1
149	rabosa	0,00368	1
150	humano	0,00368	1
151	mulo	0,00368	1
152	morsa	0,00368	1
153	cormorán	0,00333	1
154	agapornis	0,00333	1
155	sardina	0,00333	1
156	hiena	0,00333	1
157	mantis religiosa	0,00333	1
158	piraña	0,00333	1
159	pez araña	0,00301	1
160	pez roca	0,00273	1
161	sepia	0,00223	1
162	cobra	0,00202	1

11. Juegos y aficiones

Rango/vocablo		IDL	% Apar.	Rango/vocablo		IDL	% Apar.
1	fútbol	0,38713	47	43	pollito inglés	0,02196	4
2	pilla pilla	0,23797	30	44	my craft	0,02159	4
3	escondite	0,19377	27	45	profesor	0,02051	3
4	básquet	0,15361	22	46	infectado	0,02051	3
5	parchís	0,13593	23	47	ping pong	0,02051	3
6	oca	0,09431	17	48	barbie	0,02015	4
7	monopoly	0,08984	13	49	dominó	0,02008	3
8	uno	0,07083	10	50	música	0,01922	4
9	tenis	0,06613	12	51	fifa	0,01848	2
10	móvil	0,06586	11	52	escribir	0,01771	4
11	baloncesto	0,06580	10	53	consola	0,01740	3
12	tablet	0,06525	11	54	pádel	0,01730	4
13	bailar	0,06048	9	55	cantar	0,01720	2
14	cartas	0,05903	9	56	yoga	0,01697	2
15	roblox	0,05880	7	57	mamás y papás	0,01697	2
16	juego de mesa	0,05655	8	58	juguete	0,01697	2
17	nintendo	0,05511	8	59	minecraft	0,01559	3
18	ajedrez	0,05315	8	60	torito en alto	0,01518	2
19	dibujar	0,04806	9	61	muñeca	0,01513	4
20	play (station)	0,04494	6	62	candy crush	0,01440	2
21	quién es quién	0,03906	7	63	araña	0,01440	2
22	patinar	0,03614	6	64	lego	0,01357	3
23	correr	0,03510	5	65	sambori	0,01331	2
24	balonmano	0,03449	7	66	fornite	0,01331	2
25	comba	0,03437	5	67	memory	0,01317	2
26	pintar	0,03432	8	68	padres contra hijos	0,01265	3
27	puzle	0,03289	5	69	peluche	0,01238	2
28	pelota	0,03272	5	70	gallinita ciega	0,01222	2
29	voleibol	0,03087	4	71	conecta 4	0,01160	2
30	ordenador	0,02796	6	72	ni si ni no	0,01160	2
31	futbolín	0,02605	4	73	piano	0,01129	2
32	cocinitas	0,02541	5	74	natación	0,01051	2
33	gimnasia	0,02490	4	75	juego	0,01037	2
34	colpbol	0,02440	3	76	coche	0,01037	2
35	congelado	0,02424	4	77	pokemon escudo	0,01000	1
36	bingo	0,02424	4	78	uefa	0,01000	1
37	videojuego	0,02317	3	79	ladrón	0,01000	1
38	tres en raya	0,02294	4	80	risc	0,01000	1
39	raspall	0,02289	4	81	boli3d	0,01000	1
40	leer	0,02233	5	82	juego de patio	0,01000	1
41	muñecas	0,02222	3	83	tele(visión)	0,01000	1
42	virus	0,02215	3	84	cómic	0,01000	1

Rango/vocablo	IDL	% Apar.
85 lotería	0,01000	1
86 mario kart	0,01000	1
87 reborn	0,01000	1
88 tabú	0,01000	1
89 jugar	0,01000	1
90 toros	0,01000	1
91 cuinar	0,01000	1
92 which	0,01000	1
93 digital circus	0,01000	1
94 construir	0,01000	1
95 golf	0,00989	2
96 bolos	0,00880	2
97 nancy	0,00880	2
98 hockey	0,00859	2
99 mario bros	0,00848	1
100 doctor	0,00848	1
101 boxeo	0,00848	1
102 torre	0,00848	1
103 pokemon espada	0,00848	1
104 el congelado	0,00848	1
105 goma	0,00848	1
106 toca life	0,00848	1
107 juego de policía	0,00848	1
108 sardina	0,00848	1
109 tobogán	0,00848	1
110 misterio	0,00848	1
111 señor de los anillos	0,00848	1
112 rumy	0,00848	1
113 cuerda	0,00848	1
114 gta	0,00848	1
115 dos	0,00848	1
116 andar	0,00848	1
117 videoconsola	0,00848	1
118 gua gua	0,00835	2
119 estudiar	0,00813	2
120 maquillar	0,00813	2
121 party	0,00787	2
122 tik tok	0,00756	2
123 mario	0,00746	2
124 fútbol americano	0,00720	1
125 raqueta	0,00720	1
126 intelect	0,00720	1
127 twister	0,00720	1

Rango/vocablo	IDL	% Apar.
128 columpio	0,00720	1
129 pedorretas	0,00720	1
130 la reina y el rey	0,00720	1
131 yudo	0,00720	1
132 calistenia	0,00720	1
133 rompecabezas	0,00720	1
134 esquí	0,00720	1
135 detective	0,00720	1
136 triaminor	0,00720	1
137 recreativo	0,00720	1
138 pasapalabra	0,00720	1
139 no asustes a la dama	0,00720	1
140 mente criminal	0,00720	1
141 deporte	0,00720	1
142 juego de bombero	0,00720	1
143 avatar word	0,00720	1
144 cluedo	0,00720	1
145 adopt me	0,00611	1
146 pinball	0,00611	1
147 batalla de genios	0,00611	1
148 piratas	0,00611	1
149 papás y mamás	0,00611	1
150 popit	0,00611	1
151 brock av	0,00611	1
152 días de la semana	0,00611	1
153 dop dos	0,00611	1
154 lince	0,00611	1
155 navidad	0,00611	1
156 guerra	0,00611	1
157 bebé	0,00611	1
158 conocer	0,00611	1
159 morada maldita	0,00611	1
160 saltar	0,00611	1
161 pocket champion	0,00611	1
162 gulliver	0,00611	1
163 bolera	0,00611	1
164 patinete	0,00611	1
165 la mona	0,00518	1
166 plastilina	0,00518	1
167 sellos	0,00518	1
168 submarino	0,00518	1
169 minigolf	0,00518	1

Rango/vocablo	IDL	% Apar.	Rango/vocablo	IDL	% Apar.
170 teatro	0,00518	1	202 cps	0,00373	1
171 halloween	0,00518	1	203 peluquería	0,00373	1
172 sardinas enlatadas	0,00518	1	204 7 leídas	0,00373	1
173 tumba	0,00518	1	205 juego de letras	0,00373	1
174 pistolero	0,00518	1	206 doble	0,00317	1
175 pintura	0,00518	1	207 pelota valenciana	0,00317	1
176 m m 2	0,00518	1	208 pañuelo	0,00317	1
177 pilota	0,00518	1	209 dados	0,00317	1
178 palmas	0,00518	1	210 ligar	0,00317	1
179 pesas	0,00440	1	211 póker	0,00317	1
180 chapas	0,00440	1	212 policía	0,00317	1
181 maestro	0,00440	1	213 esgrima	0,00317	1
182 dinero	0,00440	1	214 comprar	0,00317	1
183 montar a caballo	0,00440	1	215 paner	0,00269	1
184 youtube	0,00440	1	216 marcianitos	0,00269	1
185 policías y cacos	0,00440	1	217 bici(cleta)	0,00269	1
186 atletismo	0,00440	1	218 trabajar	0,00269	1
187 party junior	0,00440	1	219 no chafes una caca	0,00269	1
188 viajar	0,00440	1	220 pokemon	0,00269	1
189 mentiroso	0,00440	1	221 conducir	0,00269	1
190 cien es cien	0,00440	1	222 bomba	0,00228	1
191 araña pelada	0,00373	1	223 karate	0,00228	1
192 comecocos	0,00373	1	224 instagram	0,00228	1
193 banderín	0,00373	1	225 hablar	0,00228	1
194 hijos contra padres	0,00373	1	226 safari	0,00228	1
195 culet	0,00373	1	227 pared	0,00193	1
196 bombero	0,00373	1	228 game	0,00193	1
197 cementerio	0,00373	1	229 de tal palo tal astilla	0,00164	1
198 playmobil	0,00373	1	230 motocrós	0,00164	1
199 trivial	0,00373	1	231 danza	0,00164	1
200 marionetas	0,00373	1			
201 rugby	0,00373	1			

12. Profesiones y oficios

Rango/vocablo		IDL	% Apar.
1	profe(sor)	0,46965	62
2	policía	0,41970	57
3	bombero	0,29197	40
4	médico	0,27085	38
5	veterinario	0,14765	23
6	futbolista	0,13997	18
7	taxista	0,10651	17
8	enfermero	0,10308	13
9	cocinero	0,07436	13
10	maestro	0,07110	10
11	doctor	0,05929	9
12	camarero	0,05897	9
13	mecánico	0,05142	8
14	limpiador	0,05038	8
15	dentista	0,04948	9
16	fútbol	0,04866	5
17	pintor	0,04821	9
18	obrero	0,04670	7
19	hospital	0,04616	5
20	conductor	0,04519	9
21	panadero	0,04420	6
22	granjero	0,04316	6
23	vendedor	0,04268	7
24	abogado	0,04059	6
25	banquero	0,04015	5
26	camionero	0,03941	6
27	chef	0,03704	6
28	científico	0,03536	7
29	peluquero	0,03478	5
30	modelo	0,03100	5
31	actor	0,03085	6
32	mercadona	0,03082	5
33	farmacéutico	0,03032	4
34	director	0,03010	7
35	youtuber	0,02821	6
36	ingeniero	0,02540	4
37	cantante	0,02417	5
38	carpintero	0,02165	3
39	farmacia	0,02137	3
40	constructor	0,02135	5
41	empresario	0,02122	4
42	tenis	0,02079	3

Rango/vocablo		IDL	% Apar.
43	conserje	0,02072	3
44	tienda	0,02063	3
45	guardia civil	0,01978	4
46	cajero	0,01928	3
47	colegio	0,01866	2
48	masajista	0,01765	3
49	recepcionista	0,01735	3
50	baloncesto	0,01732	2
51	fábrica de papel	0,01732	2
52	piloto	0,01731	3
53	ambulancia	0,01635	3
54	carnicero	0,01616	2
55	músico	0,01592	4
56	basurero	0,01554	3
57	bailarín	0,01548	3
58	gamer	0,01516	2
59	supermercado	0,01500	2
60	violinista	0,01487	2
61	fábrica	0,01487	2
62	astronauta	0,01487	2
63	fontanero	0,01454	3
64	residencia	0,01400	3
65	alcalde	0,01400	3
66	niñero	0,01353	2
67	bibliotecario	0,01313	2
68	navegador	0,01299	2
69	arquitecto	0,01288	2
70	entrenador	0,01212	2
71	militar	0,01212	2
72	secretaria	0,01212	2
73	comercial	0,01137	2
74	motorista	0,01137	2
75	nadador	0,01125	2
76	pastelero	0,01116	2
77	tenista	0,01104	2
78	tendero	0,01104	2
79	pescadero	0,01050	2
80	teatro	0,01020	2
81	perfumador	0,01000	1
82	canguro	0,01000	1
83	mudanzas	0,01000	1
84	heladero	0,01000	1

Rango/vocablo		IDL	% Apar.
85	oficina	0,01000	1
86	trabajador	0,01000	1
87	capitán	0,01000	1
88	barista	0,01000	1
89	programador	0,01000	1
90	chatarrero	0,01000	1
91	baloncestista	0,01000	1
92	carrera	0,01000	1
93	minero	0,00956	2
94	cuidador	0,00909	2
95	socorrista	0,00887	2
96	basquetbolista	0,00866	1
97	correos	0,00866	1
98	azafata	0,00866	1
99	administrador	0,00866	1
100	restaurador	0,00866	1
101	juez	0,00804	2
102	ayuntamiento	0,00750	1
103	ejército	0,00750	1
104	básquet	0,00750	1
105	vigilante	0,00750	1
106	carnicera	0,00750	1
107	barillero	0,00750	1
108	policía local	0,00750	1
109	autobusero	0,00750	1
110	circo	0,00750	1
111	influencer	0,00693	1
112	inventor	0,00682	1
113	pediatra	0,00650	1
114	lidl	0,00650	1
115	mesonero	0,00650	1
116	torero	0,00650	1
117	barbero	0,00650	1
118	sindicato	0,00650	1
119	estudiante	0,00650	1
120	avionero	0,00650	1
121	patinador	0,00650	1
122	decorador	0,00563	1
123	jurado	0,00563	1
124	jardinero	0,00563	1
125	árbitro	0,00563	1
126	treballador social	0,00563	1
127	esteticien	0,00563	1

Rango/vocablo		IDL	% Apar.
128	escuela	0,00563	1
129	pádel	0,00563	1
130	botánico	0,00563	1
131	lobero	0,00487	1
132	matemático	0,00487	1
133	corredor de coches	0,00487	1
134	corredor	0,00487	1
135	dia	0,00487	1
136	cartero	0,00487	1
137	ladrón	0,00487	1
138	costurero	0,00487	1
139	apicultor	0,00487	1
140	trapecista	0,00487	1
141	dibujante	0,00487	1
142	escritor	0,00487	1
143	recaudador de impuestos	0,00487	1
144	arqueólogo	0,00487	1
145	jefe	0,00487	1
146	electricista	0,00422	1
147	director de cine	0,00422	1
148	pescador	0,00422	1
149	labrador	0,00422	1
150	agencia	0,00422	1
151	investigador	0,00422	1
152	fábrica de tornillos	0,00422	1
153	cirujano	0,00422	1
154	carrefour	0,00422	1
155	educador	0,00422	1
156	conductor de autobús	0,00422	1
157	trompetista	0,00422	1
158	cafetería	0,00422	1
159	carnicería	0,00422	1
160	marinero	0,00366	1
161	fuster	0,00366	1
162	grúa	0,00366	1
163	artista	0,00366	1
164	zoólogo	0,00366	1
165	heladería	0,00366	1
166	asfaltador	0,00366	1
167	repartidor	0,00366	1

Rango/vocablo	IDL	% Apar.
168 pastor	0,00366	1
169 monitor	0,00317	1
170 telefonista	0,00317	1
171 superhéroe	0,00317	1
172 informático	0,00317	1
173 ordenador	0,00317	1
174 animalista	0,00317	1
175 aviador	0,00317	1
176 plomero	0,00274	1

Rango/vocablo	IDL	% Apar.
177 buzo	0,00274	1
178 papelero	0,00274	1
179 turista	0,00274	1
180 tik toker	0,00274	1
181 jefe de estudios	0,00238	1
182 presidente del gobierno	0,00238	1
183 frutero	0,00206	1
184 bailar	0,00116	1

13. Familia

Rango/vocablo	IDL	% Apar.	Rango/vocablo	IDL	% Apar.
1 mamá	0,49330	64	29 jugar	0,01245	2
2 papá	0,46925	59	30 brasileño	0,01068	2
3 tío	0,45116	77	31 pez	0,01000	1
4 abuelo	0,41541	72	32 amar	0,01000	1
5 hermano	0,39322	72	33 pájaro	0,00890	2
6 primo	0,28088	61	34 ruso	0,00867	2
7 padre	0,22206	29	35 chico	0,00811	1
8 madre	0,17219	25	36 gemelo	0,00665	2
9 perro	0,09710	20	37 caballo	0,00658	1
10 bisabuelo	0,09393	23	38 papi	0,00658	1
11 hijo	0,08016	12	39 nieto	0,00570	2
12 yayo	0,07889	15	40 mellizo	0,00539	2
13 gato	0,07453	15	41 mami	0,00534	1
14 tatarabuelo	0,06597	20	42 animal	0,00534	1
15 amor	0,05203	8	43 abrazo	0,00534	1
16 niño	0,04470	5	44 tío segundo	0,00473	2
17 alegría	0,03023	5	45 tete	0,00433	1
18 amigo	0,02249	6	46 paseo	0,00375	2
19 alemán	0,02000	2	47 bebé	0,00352	1
20 sobrino	0,01814	4	48 hermanastro	0,00352	1
21 felicidad	0,01668	3	49 madrastra	0,00340	2
22 mascota	0,01658	2	50 amistad	0,00311	2
23 emoción	0,01658	2	51 sentimiento	0,00285	1
24 francés	0,01623	2	52 tío bisabuelo	0,00231	1
25 tío abuelo	0,01550	6	53 neboda	0,00188	1
26 tristeza	0,01549	4	54 padrino	0,00188	1
27 venezolano	0,01316	2	55 padrastro	0,00188	1
28 primo segundo	0,01273	4	56 madrina	0,00152	1

14. Tecnología

Rango/vocablo	IDL	% Apar.	Rango/vocablo	IDL	% Apar.
1 móvil	0,63647	80	43 orange	0,01000	1
2 tablet	0,55269	81	44 pizarra táctil	0,01000	1
3 ordenador	0,47922	69	45 auricular	0,00818	2
4 tele(visión)	0,40803	66	46 pc	0,00818	2
5 nintendo	0,11035	24	47 ratón	0,00797	2
6 play (station)	0,09610	18	48 virus	0,00795	1
7 reloj	0,09316	21	49 whatsapp	0,00795	1
8 pantalla	0,06548	16	50 classdojo	0,00795	1
9 teléfono	0,05906	7	51 lupa	0,00795	1
10 (pizarra) digital	0,05824	11	52 spotify	0,00795	1
11 portátil	0,04883	10	53 instrumento	0,00795	1
12 radio	0,03680	6	54 play (station) 1	0,00790	2
13 play (station) 5	0,03013	7	55 piano eléctrico	0,00650	2
14 youtube	0,02589	3	56 electricidad	0,00631	1
15 consola	0,02538	7	57 nevera	0,00631	1
16 robot	0,02483	7	58 color fluorescente	0,00631	1
17 alexa	0,02265	4	59 llamada	0,00631	1
18 calculadora	0,02050	6	60 libro electrónico	0,00631	1
19 cable	0,02000	2	61 teclado	0,00631	1
20 google	0,01983	5	62 antena	0,00631	1
21 x box	0,01901	5	63 tamagotchi	0,00631	1
22 mando	0,01731	4	64 máquina	0,00631	1
23 mac	0,01631	2	65 play (station) 4	0,00557	2
24 computadora	0,01631	2	66 cámara	0,00503	2
25 luz	0,01464	4	67 pizarra	0,00502	1
26 hp	0,01399	2	68 gta	0,00502	1
27 altavoz	0,01309	5	69 música	0,00502	1
28 videojuego	0,01299	3	70 coche	0,00502	1
29 videoconsola	0,01296	2	71 microondas	0,00502	1
30 tik tok	0,01252	2	72 funda	0,00502	1
31 cascos	0,01196	3	73 play (station) 3	0,00400	2
32 ventilador	0,01111	2	74 gafas digitales	0,00399	1
33 guitarra eléctrica	0,01032	3	75 horno	0,00399	1
34 micrófono	0,01003	2	76 fifa	0,00399	1
35 dibujo	0,01000	1	77 reloj digital	0,00399	1
36 ciencia	0,01000	1	78 pantalla de cine	0,00399	1
37 ruter	0,01000	1	79 switch	0,00399	1
38 telescopio	0,01000	1	80 proyector	0,00399	1
39 piano	0,01000	1	81 sega	0,00399	1
40 nuve	0,01000	1	82 walkie talkie	0,00399	1
41 roblox	0,01000	1	83 play (station) 2	0,00378	1
42 herramienta	0,01000	1	84 dron	0,00317	1

Rango/vocablo	IDL	% Apar.	Rango/vocablo	IDL	% Apar.
85 video	0,00317	1	98 eléctrico	0,00252	1
86 redmi	0,00317	1	99 enchufe	0,00200	1
87 tambor	0,00317	1	100 netflix	0,00200	1
88 ipad	0,00317	1	101 coche control	0,00200	1
89 lg	0,00317	1	102 wifi	0,00200	1
90 bitzze	0,00252	1	103 pararrayos	0,00200	1
91 wii	0,00252	1	104 lámpara	0,00159	1
92 rumba	0,00252	1	105 radiador	0,00159	1
93 disney	0,00252	1	106 red social	0,00159	1
94 despertador	0,00252	1	107 micro	0,00159	1
95 refrigerador	0,00252	1	108 lavadora	0,00159	1
96 coche eléctrico	0,00252	1	109 automática	0,00159	1
97 estufa	0,00252	1	110 patinete	0,00126	1

15. Colores

Rango/vocablo		IDL	% Apar.	Rango/vocablo		IDL	% Apar.
1	rojo	0,66441	84	34	morado oscuro	0,01004	3
2	azul	0,64136	84	35	azul metálico	0,01000	1
3	verde	0,57932	88	36	fosforito	0,00880	2
4	rosa	0,51963	82	37	púrpura	0,00844	2
5	amarillo	0,51188	75	38	plata	0,00826	3
6	morado	0,49597	79	39	blau	0,00785	1
7	negro	0,49572	91	40	rosado	0,00785	1
8	naranja	0,45252	72	41	añil	0,00785	1
9	blanco	0,35868	74	42	azul turquesa	0,00695	1
10	marrón	0,30988	66	43	amarillo limón	0,00695	1
11	gris	0,23474	57	44	multicolor	0,00644	2
12	dorado	0,12522	27	45	mostaza	0,00616	1
13	azul oscuro	0,11484	29	46	rojo metálico	0,00616	1
14	carne	0,09930	25	47	malva	0,00546	1
15	plateado	0,08124	20	48	morado claro	0,00546	1
16	turquesa	0,07440	14	49	rosa pastel	0,00541	3
17	verde oscuro	0,06948	17	50	brillante	0,00484	1
18	violeta	0,05799	10	51	salmón	0,00471	2
19	azul claro	0,04596	11	52	menta	0,00429	1
20	lila	0,03535	8	53	naranja oscuro	0,00429	1
21	verde claro	0,03036	7	54	amarillo fosforito	0,00380	1
22	celeste	0,02532	5	55	roig	0,00380	1
23	azul marino	0,02230	4	56	azul pastel	0,00377	1
24	fucsia	0,01978	6	57	diamante	0,00336	1
25	granate	0,01946	4	58	piel	0,00336	1
26	rosa oscuro	0,01642	5	59	morado metálico	0,00298	1
27	magenta	0,01550	4	60	rosa claro	0,00264	1
28	azul cielo	0,01370	2	61	marrón claro	0,00264	1
29	ocre	0,01315	2	62	oro	0,00264	1
30	beis	0,01241	2	63	marrón oscuro	0,00264	1
31	cian	0,01227	3	64	verde pistacho	0,00184	1
32	arcoiris	0,01140	4	65	ultravioleta	0,00184	1
33	transparente	0,01005	4	66	modo pastel	0,00128	1

7.1. Diccionarios de léxico disponible de sexto curso de educación primaria

01. Partes del cuerpo

Rango/vocablo		IDL	% Apar.	Rango/vocablo		IDL	% Apar.
1	mano	0,56326	76	37	radio	0,06343	13
2	ojo	0,51883	71	38	pecho	0,06203	11
3	pierna	0,48792	67	39	pestaña	0,06169	14
4	pie	0,48297	73	40	piel	0,06122	13
5	cabeza	0,46956	56	41	lengua	0,05706	12
6	nariz	0,46220	68	42	vena	0,05254	14
7	dedo	0,45806	72	43	gemelo	0,05176	12
8	oreja	0,44444	70	44	espalda	0,05018	11
9	brazo	0,42211	57	45	tibia	0,04829	8
10	boca	0,36400	56	46	pelvis	0,04693	8
11	rodilla	0,24081	42	47	peroné	0,04687	8
12	uña	0,19000	33	48	cadera	0,04671	8
13	pelo	0,16991	30	49	tríceps	0,04511	10
14	codo	0,15788	27	50	glúteo	0,04449	7
15	hueso	0,15338	24	51	hígado	0,04387	8
16	pene	0,14811	27	52	vagina	0,04311	9
17	cuello	0,13938	27	53	costilla	0,04265	7
18	ceja	0,12937	24	54	vulva	0,04254	7
19	cerebro	0,12523	22	55	ombligo	0,03603	9
20	corazón	0,12093	25	56	frente	0,03087	6
21	fémur	0,11161	17	57	húmero	0,03046	6
22	hombro	0,11031	18	58	talón	0,02898	5
23	pulmón	0,10588	19	59	riñón	0,02879	6
24	tobillo	0,09990	21	60	abdomen	0,02731	5
25	cráneo	0,09947	15	61	intestino	0,02653	5
26	culo	0,09926	21	62	cuádriceps	0,02601	5
27	diente	0,09819	23	63	párpado	0,02545	4
28	músculo	0,09527	16	64	laringe	0,02518	5
29	estómago	0,09479	19	65	esófago	0,02436	6
30	esternocleidomastoideo	0,08678	16	66	apéndice	0,02425	3
				67	pupila	0,02405	8
31	muñeca	0,08329	16	68	sangre	0,02338	5
32	barriga	0,08122	17	69	faringe	0,02333	4
33	columna (vertebral)	0,08095	13	70	abdominal	0,02262	4
34	labio	0,07948	13	71	testículo	0,02235	4
35	bíceps	0,06824	13	72	pectoral	0,02224	4
36	cara	0,06605	8	73	intestino grueso	0,02219	6

Rango/vocablo	IDL	% Apar.	Rango/vocablo	IDL	% Apar.
74 teta	0,02121	4	117 dorsal	0,00658	1
75 ovario	0,02099	4	118 uretra	0,00657	2
76 tráquea	0,01987	3	119 dedo de la mano	0,00614	1
77 fetge	0,01884	4	120 vertebra	0,00614	1
78 cúbito	0,01877	4	121 isquio	0,00614	1
79 cintura	0,01857	4	122 maxilar superior	0,00614	1
80 carne	0,01848	3	123 maxilar inferior	0,00573	1
81 páncreas	0,01756	4	124 coxis	0,00573	1
82 medula (espinal)	0,01706	3	125 nervio central	0,00573	1
83 arteria	0,01675	6	126 peca	0,00567	2
84 tronco	0,01614	2	127 antebrazo	0,00534	1
85 garganta	0,01580	4	128 nervio periférico	0,00534	1
86 pezón	0,01533	3	129 cabello	0,00534	1
87 articulación	0,01513	2	130 entrepierna	0,00534	1
88 intestino delgado	0,01467	4	131 colze	0,00534	1
89 mandíbula	0,01467	3	132 tendón de Aquiles	0,00498	1
90 cuerpo	0,01442	2	133 nas	0,00498	1
91 sistema nervioso	0,01442	2	134 penis	0,00498	1
92 torso	0,01371	2	135 epiglotis	0,00433	1
93 próstata	0,01291	3	136 espinilla	0,00433	1
94 célula	0,01199	2	137 barbilla	0,00433	1
95 útero	0,01190	2	138 aorta	0,00433	1
96 tendón	0,01139	2	139 conducto deferente	0,00433	1
97 deltoides	0,01082	3	140 cubi	0,00404	1
98 bulbo raquídeo	0,01078	2	141 pabellón auditivo	0,00404	1
99 oído	0,01071	2	142 radi	0,00377	1
100 clítoris	0,01035	2	143 parental	0,00377	1
101 cerebelo	0,01010	2	144 empeine	0,00352	1
102 huevo	0,01006	2	145 frontal	0,00352	1
103 femoral	0,01005	2	146 respiratorio	0,00328	1
104 branquia	0,00942	2	147 trasero	0,00328	1
105 bufeta	0,00911	2	148 ligamento	0,00306	1
106 nalga	0,00870	1	149 yema	0,00306	1
107 pata	0,00870	1	150 espermatozoide	0,00285	1
108 esternón	0,00862	2	151 vista	0,00285	1
109 nuca	0,00840	2	152 nudillo	0,00285	1
110 trapecio	0,00811	1	153 olfato	0,00266	1
111 encéfalo	0,00811	1	154 muslo	0,00248	1
112 dedo del pie	0,00792	2	155 intestino fino	0,00248	1
113 tripa	0,00757	1	156 neurona	0,00248	1
114 iris	0,00750	2	157 raíz de pelo	0,00248	1
115 extremidad	0,00728	2	158 tímpano	0,00231	1
116 clavícula	0,00658	1	159 axila	0,00216	1

Rango/vocablo	IDL	% Apar.		Rango/vocablo	IDL	% Apar.
160 ano	0,00216	1		162 trompa de Falopio	0,00188	1
161 vejiga	0,00201	1		163 arruga	0,00188	1

02. La ropa

Rango/vocablo	IDL	% Apar.	Rango/vocablo	IDL	% Apar.
1 pantalón	0,59849	80	43 anillo	0,04395	12
2 camiseta	0,58591	67	44 tanga	0,04316	8
3 sudadera	0,44660	69	45 deportiva	0,03807	8
4 calcetín	0,44264	74	46 calzón	0,03699	7
5 camisa	0,43333	54	47 sandalia	0,03536	9
6 chaqueta	0,37498	61	48 reloj	0,03356	9
7 zapato	0,34032	49	49 media	0,03292	6
8 calzoncillo	0,25262	46	50 pijama	0,03145	5
9 zapatilla	0,22471	35	51 cinturón	0,02782	6
10 braga	0,17625	35	52 adidas	0,02665	4
11 vaquero	0,17008	29	53 goma	0,02657	6
12 guante	0,16625	32	54 bolso	0,02648	5
13 gorra	0,16521	32	55 tacón	0,02623	8
14 falda	0,15879	27	56 jean	0,02581	4
15 bufanda	0,15491	27	57 leggings	0,02265	5
16 gorro	0,14956	29	58 piercing	0,02235	5
17 top	0,14648	26	59 minifalda	0,02235	4
18 bañador	0,12340	24	60 manopla	0,02174	3
19 camiseta corta	0,12176	18	61 camisa corta	0,02138	3
20 vestido	0,12015	24	62 tirante	0,02105	3
21 jersey	0,12000	20	63 camisón	0,02017	3
22 sujetador	0,11366	20	64 chaquetón	0,01955	4
23 collar	0,10825	20	65 polar	0,01872	4
24 pantalón corto	0,10631	16	66 malla	0,01794	4
25 chándal	0,10081	20	67 manga corta	0,01766	3
26 camiseta larga	0,09910	13	68 térmica	0,01739	4
27 pendiente	0,09608	20	69 camiseta de tirantes	0,01719	4
28 pulsera	0,09519	23			
29 bota	0,09112	21	70 panty	0,01709	3
30 gafas	0,08549	19	71 pinza	0,01584	4
31 camiseta interior	0,08413	16	72 buzo	0,01568	3
32 chaleco	0,08171	17	73 pañuelo	0,01526	5
33 chancla	0,07441	16	74 lazo	0,01526	3
34 biquini	0,06886	13	75 calentador	0,01506	2
35 suéter	0,06774	13	76 peto	0,01497	2
36 short	0,06763	12	77 orejera	0,01447	4
37 pantalón largo	0,06681	9	78 turbante	0,01428	5
38 nike	0,06187	9	79 ropa interior	0,01349	2
39 abrigo	0,06137	14	80 coletero	0,01289	3
40 sombrero	0,05780	11	81 camisa larga	0,01153	2
41 blusa	0,05103	7	82 calza	0,01143	3
42 diadema	0,04708	12	83 pasamontañas	0,01118	2

Rango/vocablo		IDL	% Apar.	Rango/vocablo		IDL	% Apar.
84	camisa interior	0,01102	2	117	samarreta	0,00506	1
85	manga larga	0,01080	2	118	cinta de pelo	0,00506	1
86	muñequera	0,01078	2	119	braga de cuello	0,00506	1
87	polo	0,01071	2	120	lente	0,00506	1
88	cordón	0,01015	2	121	babeluco	0,00506	1
89	riñonera	0,01013	2	122	interior	0,00465	1
90	camiseta térmica	0,00932	2	123	bota de fútbol	0,00465	1
91	jordan	0,00918	1	124	manoletina	0,00465	1
92	bota de agua	0,00917	3	125	culote	0,00465	1
93	casco	0,00911	3	126	convers	0,00427	1
94	zara	0,00891	2	127	chaqueta vaquera	0,00427	1
95	falda pantalón	0,00856	2	128	mochila	0,00427	1
96	blue banana	0,00774	1	129	batamanta	0,00427	1
97	traje de baño	0,00774	1	130	joya	0,00427	1
98	pull and bear	0,00722	2	131	velo	0,00427	1
99	puma	0,00722	2	132	vintage	0,00427	1
100	mono	0,00711	1	133	boina	0,00392	1
101	burkina	0,00711	1	134	manta	0,00392	1
102	corbata	0,00690	2	135	coleta	0,00392	1
103	cadena	0,00653	1	136	pantalón d'esport	0,00392	1
104	sostén	0,00653	1	137	escarpín	0,00360	1
105	pantufla	0,00653	1	138	h&m	0,00360	1
106	ropa de la nieve	0,00653	1	139	gafas de bucear	0,00330	1
107	pelo	0,00600	1	140	gafas de sol	0,00330	1
108	chubasquero	0,00600	1	141	gafas de baño	0,00303	1
109	bata	0,00600	1	142	pantalón roto	0,00303	1
110	traje	0,00558	2	143	tobillera	0,00303	1
111	skirt	0,00551	1	144	falda larga	0,00303	1
112	body	0,00551	1	145	falda corta	0,00279	1
113	mantilla	0,00551	1	146	chupa	0,00279	1
114	chaqueta con pelaje	0,00512	2	147	mascarilla	0,00256	1
				148	gancho	0,00216	1
115	parca	0,00506	1	149	manga	0,00216	1
116	bershka	0,00506	1	150	pamela	0,00198	1

03. La casa

Rango/vocablo	IDL	% Apar.	Rango/vocablo	IDL	% Apar.
1 cocina	0,58305	76	43 lámpara	0,01852	4
2 baño	0,44482	65	44 despacho	0,01772	5
3 pared	0,41728	57	45 azotea	0,01706	3
4 ventana	0,38624	57	46 estudio	0,01688	3
5 habitación	0,34531	50	47 espejo	0,01578	3
6 suelo	0,32564	49	48 sofá	0,01576	2
7 puerta	0,31160	48	49 antena	0,01548	3
8 comedor	0,27197	41	50 bañera	0,01499	3
9 techo	0,25285	37	51 sala	0,01422	2
10 balcón	0,23780	38	52 fachada	0,01420	2
11 terraza	0,23576	43	53 valla	0,01397	4
12 salón	0,22569	32	54 cajón	0,01363	2
13 jardín	0,20342	35	55 dormitorio superior	0,01363	2
14 escalera	0,19941	35	56 piso	0,01331	2
15 piscina	0,16269	30	57 cortina	0,01290	2
16 tejado	0,13916	22	58 jacuzzi	0,01257	2
17 chimenea	0,11317	19	59 arriba	0,01239	2
18 garaje	0,11284	22	60 dormitorio inferior	0,01239	2
19 pasillo	0,10824	20	61 cine	0,01172	2
20 entrada	0,09485	15	62 cable	0,01134	2
21 cuarto	0,08524	12	63 corral	0,01112	3
22 dormitorio	0,08113	12	64 barandilla	0,01087	4
23 sótano	0,08039	17	65 columna	0,01074	2
24 luz	0,07437	16	66 sala de estudio	0,01058	3
25 patio	0,07088	14	67 cuarto de planchar	0,01041	2
26 sala de estar	0,06567	10	68 mesa	0,01038	2
27 galería	0,06342	12	69 silla	0,01030	2
28 ladrillo	0,04071	7	70 pica	0,01027	2
29 tele(visión)	0,04065	6	71 lavadora	0,01027	2
30 trastero	0,03975	10	72 parque	0,01023	2
31 desván	0,03958	9	73 horno	0,01023	2
32 armario	0,03496	5	74 bajo	0,01000	1
33 planta	0,03000	3	75 habitación de matrimonio	0,01000	1
34 sala de juego	0,02776	7	76 mansión	0,01000	1
35 ducha	0,02728	6	77 castillo	0,00909	1
36 váter	0,02650	6	78 habitación gamer	0,00909	1
37 ático	0,02317	5	79 colchón	0,00909	1
38 vestidor	0,02208	4	80 recibidor	0,00881	2
39 nevera	0,02039	3	81 lavabo	0,00881	2
40 buhardilla	0,02003	4			
41 ascensor	0,01949	5			
42 aseo	0,01909	2			

Rango/vocablo		IDL	% Apar.
82	tubería	0,00862	3
83	pádel	0,00844	2
84	cuadro	0,00826	1
85	lavavajillas	0,00826	1
86	vitrocerámica	0,00826	1
87	teja	0,00826	1
88	bodega	0,00826	1
89	campana	0,00826	1
90	libro	0,00750	1
91	huerto	0,00750	1
92	despensa	0,00750	1
93	póster	0,00750	1
94	caseta de campo	0,00750	1
95	salida	0,00750	1
96	reja	0,00750	1
97	gimnasio	0,00697	2
98	grifo	0,00673	2
99	porche	0,00633	2
100	portería	0,00619	1
101	claraboya	0,00619	1
102	palacio	0,00619	1
103	verja	0,00610	2
104	cama	0,00610	2
105	piedra	0,00604	2
106	cristal	0,00569	2
107	cuarto de trastos	0,00563	1
100	estufa	0,00563	1
109	hamaca	0,00563	1
110	hotel	0,00563	1
111	microondas	0,00563	1
112	lavamanos	0,00563	1
113	columpio	0,00511	1
114	casa de playa	0,00511	1
115	cerradura	0,00511	1
116	cemento	0,00511	1
117	menjador	0,00511	1
118	cocina	0,00465	1
119	lavandería	0,00465	1
120	conexión	0,00465	1
121	enchufe	0,00465	1

Rango/vocablo		IDL	% Apar.
122	asfalto	0,00465	1
123	altillo	0,00435	2
124	secadora	0,00422	1
125	radiador	0,00422	1
126	lavadero	0,00422	1
127	buzón	0,00422	1
128	pintura	0,00384	1
129	armario empotrado	0,00384	1
130	foco	0,00384	1
131	manija	0,00384	1
132	librería	0,00384	1
133	segundo piso	0,00384	1
134	cimiento	0,00348	1
135	persiana	0,00348	1
136	cochera	0,00348	1
137	electricidad	0,00348	1
138	sala de jugar	0,00317	1
139	madera	0,00317	1
140	spa	0,00317	1
141	cuarto de la plancha	0,00288	1
142	cuna	0,00288	1
143	sala de planchar	0,00288	1
144	aparcamiento	0,00288	1
145	cuarto de juegos	0,00288	1
146	encimera	0,00288	1
147	salita	0,00261	1
148	pilar	0,00261	1
149	teatro	0,00261	1
150	portal	0,00238	1
151	casa del árbol	0,00238	1
152	pizarra	0,00238	1
153	tendedero	0,00238	1
154	zona de juego	0,00238	1
155	planta superior	0,00216	1
156	losa	0,00216	1
157	sala de yoga	0,00196	1
158	planta inferior	0,00196	1
159	corredor	0,00196	1

04. Muebles de la casa

Rango/vocablo		IDL	% Apar.
1	mesa	0,63635	90
2	silla	0,60649	87
3	cama	0,52184	75
4	armario	0,50496	73
5	sofá	0,47374	63
6	tele(visión)	0,37768	54
7	estantería	0,28758	48
8	sillón	0,18316	30
9	cuadro	0,16814	30
10	escritorio	0,16537	30
11	nevera	0,13424	26
12	cajón	0,10859	22
13	ordenador	0,09236	19
14	lámpara	0,08728	18
15	váter	0,08376	16
16	espejo	0,07563	17
17	horno	0,07017	16
18	mesita de noche	0,06821	17
19	ducha	0,06344	15
20	lavavajillas	0,06020	13
21	reloj	0,05959	13
22	lavadora	0,05949	15
23	mueble	0,05740	8
24	puerta	0,05658	14
25	cortina	0,05425	11
26	play	0,05309	9
27	pizarra	0,05170	13
28	alfombra	0,04924	8
29	planta	0,04689	10
30	ventilador	0,04448	9
31	lavabo	0,04245	9
32	bañera	0,04237	10
33	mesita	0,04154	9
34	congelador	0,03428	7
35	percha	0,03301	10
36	estufa	0,03052	8
37	secadora	0,02954	8
38	encimera	0,02841	4
39	grifo	0,02716	7
40	cómoda	0,02588	5
41	microondas	0,02419	5
42	escalera	0,02387	5

Rango/vocablo		IDL	% Apar.
43	tocador	0,02363	4
44	zapatero	0,02284	6
45	baño	0,02252	6
46	retrete	0,02096	5
47	hamaca	0,01843	4
48	cojín	0,01783	4
49	vitrocerámica	0,01743	4
50	plancha	0,01718	4
51	basurero	0,01695	3
52	altavoz	0,01647	4
53	ventana	0,01637	3
54	vitrina	0,01631	2
55	colchón	0,01631	2
56	jarrón	0,01608	4
57	pica	0,01541	3
58	perchero	0,01505	3
59	póster	0,01472	3
60	litera	0,01360	3
61	luz	0,01291	3
62	radiador	0,01273	3
63	portátil	0,01210	2
64	teclado	0,01200	3
65	suelo	0,01158	3
66	pila	0,01149	3
67	estante	0,01070	2
68	refrigerador	0,01064	2
69	calentador	0,01000	1
70	puf	0,00918	2
71	thermomix	0,00908	2
72	sofá cama	0,00891	1
73	canapé	0,00891	1
74	librería	0,00883	2
75	fogón	0,00818	2
76	computadora	0,00802	2
77	taburete	0,00802	2
78	casa	0,00795	1
79	bombilla	0,00795	1
80	mármol	0,00795	1
81	lavabo	0,00787	2
82	tubería	0,00777	3
83	pádel	0,00753	2
84	cuadro	0,00726	2

Rango/vocablo	IDL	% Apar.
85 lavavajillas	0,00708	1
86 vitrocerámica	0,00708	1
87 teja	0,00708	1
88 bodega	0,00681	2
89 campana	0,00672	2
90 libro	0,00637	2
91 huerto	0,00633	2
92 despensa	0,00633	2
93 póster	0,00631	1
94 caseta de campo	0,00631	1
95 salida	0,00631	1
96 reja	0,00631	1
97 gimnasio	0,00631	1
98 grifo	0,00631	1
99 porche	0,00631	1
100 portería	0,00631	1
101 claraboya	0,00623	2
102 palacio	0,00619	3
103 verja	0,00564	2
104 cama	0,00563	1
105 piedra	0,00563	1
106 cristal	0,00563	1
107 cuarto de trastos	0,00563	1
108 estufa	0,00555	2
109 hamaca	0,00502	1
110 hotel	0,00502	1
111 microondas	0,00502	1
112 lavamanos	0,00481	2
113 columpio	0,00447	1
114 casa de playa	0,00447	1
115 cerradura	0,00447	1
116 cemento	0,00447	1
117 menjador	0,00447	1
118 cocina	0,00447	1
119 lavandería	0,00447	1
120 conexión	0,00447	1
121 enchufe	0,00400	2
122 asfalto	0,00399	1

Rango/vocablo	IDL	% Apar.
123 altillo	0,00399	1
124 secadora	0,00399	1
125 radiador	0,00399	1
126 lavadero	0,00399	1
127 buzón	0,00399	1
128 pintura	0,00399	1
129 armario empotrado	0,00399	1
130 foco	0,00355	1
131 manija	0,00355	1
132 librería	0,00355	1
133 segundo piso	0,00355	1
134 cimiento	0,00355	1
135 persiana	0,00355	1
136 cochera	0,00355	1
137 electricidad	0,00355	1
138 sala de jugar	0,00337	2
139 madera	0,00317	1
140 spa	0,00317	1
141 cuarto de la plancha	0,00317	1
142 cuna	0,00317	1
143 sala de planchar	0,00317	1
144 aparcamiento	0,00282	1
145 cuarto de juegos	0,00282	1
146 encimera	0,00282	1
147 salita	0,00252	1
148 pilar	0,00252	1
149 teatro	0,00252	1
150 portal	0,00252	1
151 casa del árbol	0,00224	1
152 pizarra	0,00224	1
153 tendedero	0,00200	1
154 zona de juego	0,00200	1
155 planta superior	0,00200	1
156 losa	0,00178	1
157 sala de yoga	0,00178	1
158 planta inferior	0,00159	1
159 corredor	0,00158	1

05. Alimentos y bebidas

Rango/vocablo		IDL	% Apar.
1	coca cola	0,57865	84
2	agua	0,47705	68
3	fanta	0,30878	47
4	manzana	0,27819	48
5	espagueti	0,26948	45
6	pizza	0,26041	41
7	arroz	0,25584	42
8	hamburguesa	0,24646	48
9	macarrón	0,24571	39
10	aquarius	0,23203	39
11	pollo	0,20286	39
12	tomate	0,19179	43
13	pepsi	0,19055	30
14	pera	0,18755	33
15	naranja	0,17361	35
16	plátano	0,17323	34
17	carne	0,16750	30
18	patata	0,16358	30
19	brócoli	0,15811	27
20	zumo	0,14271	24
21	fresa	0,14201	28
22	lechuga	0,14165	31
23	paella	0,14098	23
24	pescado	0,14038	28
25	zanahoria	0,13950	28
26	pan	0,12108	26
27	monster	0,11255	18
28	cerveza	0,11047	22
29	ensalada	0,10434	20
30	chocolate	0,10201	25
31	lenteja	0,10074	18
32	sprite	0,08858	18
33	queso	0,08774	22
34	jamón	0,08328	20
35	melón	0,08150	17
36	sandía	0,08038	17
37	huevo	0,07238	16
38	leche	0,07234	15
39	red bull	0,06692	11
40	lasaña	0,06659	11
41	uva	0,06528	11
42	limón	0,06356	13

Rango/vocablo		IDL	% Apar.
43	prime	0,06052	9
44	helado	0,05849	16
45	nestea	0,05707	10
46	sopa	0,05667	12
47	kebab	0,05507	9
48	chuche(ría)	0,05450	15
49	melocotón	0,05139	11
50	piña	0,05136	12
51	papa	0,04951	11
52	tortilla	0,04940	14
53	pasta	0,04882	12
54	bocadillo	0,04793	10
55	galleta	0,04641	9
56	patata frita	0,04621	11
57	sándwich	0,04349	7
58	verdura	0,04198	7
59	fanta limón	0,04192	7
60	fanta naranja	0,04116	7
61	pepino	0,04071	9
62	aguacate	0,03940	9
63	yogur	0,03849	10
64	puré	0,03847	8
65	salchicha	0,03794	7
66	vino	0,03654	9
67	fideo	0,03573	7
68	atún	0,03490	7
69	pastel	0,03468	7
70	mandarina	0,03468	8
71	longaniza	0,03454	5
72	tarta	0,03220	9
73	zumo de naranja	0,03149	7
74	arándano	0,03106	7
75	cereal	0,02903	5
76	guisante	0,02840	6
77	cebolla	0,02810	7
78	dorito	0,02752	5
79	garbanzo	0,02697	7
80	cerdo	0,02687	8
81	jamón york	0,02642	6
82	pavo	0,02629	7
83	kiwi	0,02595	8
84	natilla	0,02560	6

Rango/vocablo		IDL	% Apar.
85	oreo	0,02508	4
86	maíz	0,02496	7
87	nuguet	0,02457	8
88	lomo	0,02376	5
89	salmón	0,02353	6
90	legumbre	0,02330	5
91	entrecot	0,02320	6
92	frambuesa	0,02259	3
93	coliflor	0,02257	6
94	fuet	0,02228	4
95	banana	0,02092	4
96	mora	0,02011	4
97	gaseosa	0,01979	3
98	caldo	0,01963	5
99	alcohol	0,01946	3
100	energética	0,01946	3
101	kfc	0,01862	2
102	bacón	0,01791	2
103	fruta	0,01791	2
104	limonada	0,01773	6
105	agua con gas	0,01770	5
106	jamón serrano	0,01717	4
107	cereza	0,01694	3
108	ternera	0,01683	5
109	apio	0,01654	3
110	donut	0,01649	3
111	tortellini	0,01641	2
112	berenjena	0,01629	5
113	azúcar	0,01618	4
114	madalena	0,01604	3
115	carlota	0,01597	3
116	filete	0,01547	3
117	brownie	0,01539	3
118	salchichón	0,01534	3
119	crep	0,01519	4
120	sushi	0,01481	2
121	paté	0,01481	2
122	pez	0,01478	3
123	tortilla de patata	0,01442	2
124	caramelo	0,01441	2
125	seven up	0,01433	2
126	cola cao	0,01422	4
127	cruasán	0,01400	4
128	canelón	0,01395	2
129	tónica	0,01388	3

Rango/vocablo		IDL	% Apar.
130	solomillo	0,01359	3
131	cuscús	0,01331	2
132	chorizo	0,01328	5
133	calamar	0,01328	4
134	burguer king	0,01321	3
135	espinaca	0,01292	3
136	coulán	0,01277	2
137	pimiento	0,01265	4
138	burrito	0,01243	2
139	langosta	0,01235	3
140	almendra	0,01228	3
141	mcdonal's	0,01227	2
142	fondue	0,01185	2
143	cacahuete	0,01181	3
144	aceituna	0,01166	4
145	té	0,01138	3
146	blue label	0,01135	2
147	taco	0,01121	4
148	alubia	0,01117	2
149	raclette	0,01101	2
150	puchero	0,01065	2
151	chuletón	0,01047	3
152	poma	0,01045	2
153	refresco	0,01037	2
154	panini	0,01037	2
155	calipo	0,01022	2
156	papa frita	0,01000	1
157	energy	0,01000	1
158	alpro	0,01000	1
159	alita (de pollo)	0,00993	3
160	boquerón	0,00987	3
161	roscón	0,00973	2
162	especia	0,00969	2
163	gallina	0,00935	3
164	carbonara	0,00924	2
165	marisco	0,00922	3
166	gamba	0,00921	3
167	bizcocho	0,00919	3
168	oliva	0,00916	3
169	sal	0,00913	3
170	puerro	0,00908	2
171	arroz al horno	0,00878	2
172	vino tinto	0,00878	2
173	zumo de piña	0,00862	1
174	tortilla francesa	0,00830	2

Rango/vocablo	IDL	% Apar.	Rango/vocablo	IDL	% Apar.
175 tallarín	0,00830	2	218 merluza	0,00599	2
176 mango	0,00825	2	219 alcachofa	0,00598	2
177 chicle	0,00822	2	220 bollo	0,00595	1
178 huevo roto	0,00821	2	221 cacaolat	0,00595	1
179 calabaza	0,00818	3	222 croqueta	0,00595	1
180 lluç	0,00818	2	223 papilla	0,00595	1
181 tornillo	0,00800	1	224 judía verde	0,00595	1
182 rape	0,00800	1	225 ajo	0,00573	2
183 vino blanco	0,00800	1	226 mona	0,00552	1
184 burguer	0,00800	1	227 empanado	0,00552	1
185 kas	0,00797	2	228 cubano	0,00552	1
186 remolacha	0,00796	2	229 huevo frito	0,00552	1
187 whiskey	0,00792	2	230 repollo	0,00526	2
188 mejillón	0,00770	4	231 mantequilla	0,00524	2
189 costilla	0,00764	2	232 albóndiga	0,00516	2
190 llobarro	0,00759	2	233 cocido	0,00516	2
191 cordero	0,00749	3	234 gofre	0,00513	1
192 pimentón	0,00743	1	235 granada	0,00513	1
193 pollo frito	0,00743	1	236 paella valenciana	0,00513	1
194 cóctel	0,00743	1	237 regaliz	0,00513	1
195 batido	0,00743	1	238 lima	0,00513	1
196 chuleta	0,00739	2	239 napolitana	0,00513	1
197 bocata	0,00730	2	240 pringles	0,00513	1
198 caracol	0,00723	2	241 coco	0,00513	1
199 gazpacho	0,00703	3	242 tostada	0,00510	2
200 caqui	0,00698	3	243 ketchup	0,00499	2
201 ramen	0,00694	2	244 nacho	0,00490	2
202 rábano	0,00694	2	245 café	0,00488	2
203 rollito	0,00690	1	246 conejo	0,00476	1
204 pistacho	0,00690	1	247 pepinillo	0,00476	1
205 pernil	0,00690	1	248 lays	0,00476	1
206 tiramisú	0,00690	1	249 palito de cangrejo	0,00476	1
207 níspero	0,00672	2	250 paella con caracoles	0,00476	1
208 estofado	0,00658	2	251 col	0,00465	2
209 guiso	0,00655	2	252 ensaladilla	0,00462	2
210 fruta del dragón	0,00641	1	253 perejil	0,00459	2
211 jugo	0,00641	1	254 pimiento verde	0,00454	2
212 empanada	0,00641	1	255 sardina	0,00442	1
213 rosquilleta	0,00641	1	256 vaca	0,00442	1
214 ensaimada	0,00641	1	257 barbacoa	0,00442	1
215 mermelada	0,00641	1	258 palomitas	0,00442	1
216 goza	0,00641	1	259 salami	0,00442	1
217 aceite	0,00625	2			

Rango/vocablo		IDL	% Apar.
260	dorayaki	0,00442	1
261	puntilla	0,00442	1
262	maracuyá	0,00442	1
263	choleck	0,00442	1
264	mayonesa	0,00418	2
265	torta	0,00411	1
266	danone	0,00411	1
267	canónigo	0,00411	1
268	fideuá	0,00411	1
269	algodón de azúcar	0,00411	1
270	pomelo	0,00411	1
271	piruleta	0,00408	2
272	pimiento amarillo	0,00400	2
273	fiambre	0,00381	1
274	peperoni	0,00381	1
275	mus de chocolate	0,00381	1
276	nuez	0,00381	1
277	pato	0,00381	1
278	chivito	0,00381	1
279	tequila	0,00381	1
280	almeja	0,00364	2
281	lengua	0,00354	1
282	vodka	0,00354	1
283	semilla	0,00354	1
284	cebollín	0,00354	1
285	curry	0,00354	1
286	arroz blanco	0,00354	1
287	oveja	0,00354	1
288	mazorca	0,00354	1
289	hot dog	0,00354	1
290	tataki	0,00354	1
291	gelatina	0,00354	1
292	fruto seco	0,00329	1
293	patata brava	0,00329	1
294	king fusion	0,00329	1
295	sobrasada	0,00329	1
296	pechuga	0,00329	1
297	nestlé	0,00305	1
298	pimiento rojo	0,00305	1
299	gusanito	0,00305	1
300	morro	0,00305	1
301	calabacín	0,00305	1
302	guacamole	0,00305	1

Rango/vocablo		IDL	% Apar.
303	milka	0,00283	1
304	sepia	0,00283	1
304	tinto de verano	0,00283	1
306	grefusa	0,00283	1
307	espárrago	0,00283	1
308	noodles	0,00263	1
309	guisado	0,00263	1
310	rosquilla	0,00263	1
311	arroz marinero	0,00263	1
312	huesito	0,00263	1
313	flan	0,00263	1
314	mero	0,00263	1
315	pollo rebozado	0,00263	1
316	chóped	0,00244	1
317	perrito caliente	0,00244	1
318	chupa chup	0,00244	1
319	panceta	0,00244	1
320	kit kat	0,00244	1
321	champán	0,00244	1
322	tortita	0,00244	1
323	bebida	0,00244	1
324	pastel de crema	0,00227	1
325	croissant	0,00227	1
326	harina	0,00227	1
327	barrita	0,00227	1
328	humus	0,00227	1
329	granizado	0,00227	1
330	pelotazo	0,00211	1
331	empanadilla	0,00211	1
332	jamón dulce	0,00195	1
333	bombón	0,00195	1
334	cono	0,00195	1
335	chupito	0,00195	1
336	miga	0,00195	1
337	frankfurt	0,00182	1
338	petit suisse	0,00169	1
339	nocilla	0,00169	1
340	postre	0,00156	1
341	dulce	0,00145	1
342	zumo de melocotón	0,00145	1
343	potaje	0,00145	1

06. La escuela

Rango/vocablo	IDL	% Apar.	Rango/vocablo	IDL	% Apar.
1 mesa	0,54849	72	43 matemáticas	0,05075	8
2 silla	0,45521	66	44 pared	0,05074	10
3 pizarra	0,45020	61	45 aula	0,05037	8
4 libro	0,40422	65	46 música	0,04967	12
5 profe(sor)	0,36887	53	47 estudiar	0,04949	6
6 patio	0,35281	58	48 director	0,04938	8
7 estuche	0,34665	58	49 puzle	0,04915	15
8 libreta	0,25731	49	50 maestro	0,04738	7
9 lápiz	0,24894	42	51 luz	0,04718	9
10 mochila	0,24333	43	52 pista	0,04573	10
11 ordenador	0,21082	34	53 sacapuntas	0,04421	9
12 bolí(grafo)	0,20849	37	54 canasta	0,04398	10
13 clase	0,20552	36	55 comida	0,04317	9
14 niño	0,15601	23	56 pantalla	0,04140	6
15 alumno	0,14762	20	57 horario	0,04099	10
16 comedor	0,14102	24	58 tambor	0,03931	10
17 puerta	0,13328	23	59 papel	0,03862	9
18 amigo	0,12458	21	60 ventilador	0,03857	9
19 inglés	0,12324	24	61 educación física	0,03759	8
20 goma	0,11954	24	62 basura	0,03734	6
21 escalera	0,11935	24	63 despacho	0,03610	7
22 valenciano	0,11721	19	64 percha	0,03569	7
23 ventana	0,11647	26	65 pelota	0,03561	10
24 rotu(lador)	0,11006	25	66 colores	0,03518	8
25 juego	0,10726	21	67 banco	0,03247	8
26 examen	0,10525	18	68 casillero	0,03211	6
27 castellano	0,10471	17	69 teclado	0,03206	8
28 reloj	0,10024	17	70 corcho	0,03056	4
29 pizarra digital	0,08454	15	71 proyector	0,02866	6
30 árbol	0,07503	19	72 trabajo	0,02809	8
31 baño	0,07361	17	73 pintura	0,02769	7
32 gimnasio	0,06882	14	74 tiza	0,02749	5
33 compañero	0,06769	10	75 hoja	0,02741	6
34 pasillo	0,06252	12	76 parque	0,02730	5
35 estantería	0,06244	12	77 ratón	0,02712	6
36 mapa	0,06104	10	78 folio	0,02688	7
37 tablet	0,05996	9	79 pegamento	0,02687	6
38 portería	0,05859	14	80 suelo	0,02684	7
39 botella	0,05786	14	81 carpeta	0,02616	7
40 deberes	0,05668	11	82 flauta	0,02533	6
41 biblioteca	0,05565	12	83 aprender ·	0,02484	4
42 armario	0,05389	11	84 estufa	0,02467	6

Rango/vocablo	IDL	% Apar.	Rango/vocablo	IDL	% Apar.
85 asignatura	0,02365	5	128 proyecto	0,01291	3
86 naturales	0,02355	3	129 sala de profe(sor)	0,01274	2
87 tierra	0,02355	5	130 teatro	0,01272	3
88 mueble	0,02326	4	131 agua	0,01271	3
89 materia	0,02299	4	132 conserje	0,01259	2
90 planta	0,02261	7	133 balón	0,01258	4
91 regla	0,02223	5	134 ficha	0,01255	2
92 tejado	0,02189	5	135 móvil	0,01238	2
93 calendario	0,02173	6	136 papelera	0,01228	2
94 jugar	0,02079	2	137 váter	0,01220	3
95 altavoz	0,02071	5	138 columpio	0,01186	4
96 lengua	0,02063	3	139 encuadernador	0,01173	2
97 carpesano	0,01954	5	140 francés	0,01152	2
98 valla	0,01946	5	141 ciencia	0,01146	2
99 tobogán	0,01943	6	142 cajón	0,01137	2
100 porche	0,01907	5	143 almuerzo	0,01108	3
101 cuaderno	0,01897	3	144 primaria	0,01092	2
102 celo	0,01843	4	145 arena	0,01040	3
103 infantil	0,01823	3	146 sala	0,01011	4
104 medi	0,01821	3	147 crecer	0,01000	1
105 tijeras	0,01799	5	148 historia	0,01000	1
106 secretaria	0,01762	3	149 asiento	0,01000	1
107 techo	0,01746	3	150 miedo	0,01000	1
108 pupitre	0,01745	3	151 impresora	0,01000	1
109 cuarto	0,01732	2	152 escritor	0,01000	1
110 delegado	0,01732	2	153 muro	0,01000	1
111 caja	0,01706	3	154 juego de mesa	0,00990	2
112 plástica	0,01611	4	155 pilar	0,00956	2
113 tipp-ex	0,01609	4	156 mesa del profe(sor)	0,00931	1
114 marcador	0,01526	3	157 estudio	0,00931	1
115 persona	0,01489	3	158 amistad	0,00931	1
116 sociales	0,01456	2	159 biología	0,00931	1
117 escribir	0,01454	2	160 pantalla digital	0,00931	1
118 subrayador	0,01454	4	161 piscina	0,00928	2
119 divertido	0,01454	2	162 objeto perdido	0,00909	2
120 cartulina	0,01433	4	163 cocina	0,00887	2
121 informática	0,01426	4	164 librería	0,00880	2
122 exposición	0,01416	3	165 instrumento	0,00876	2
123 agenda	0,01412	4	166 insulto	0,00866	1
124 aprendizaje	0,01390	2	167 pensar	0,00866	1
125 rampa	0,01360	4	168 patín	0,00865	3
126 chaqueta	0,01333	3	169 cancha	0,00864	2
127 alegría	0,01303	2	170 nombre	0,00846	2

Rango/vocablo	IDL	% Apar.	Rango/vocablo	IDL	% Apar.
171 torre	0,00810	2	214 ipad	0,00563	1
172 subdelegado	0,00806	1	215 material	0,00563	1
173 reñir	0,00806	1	216 enfermería	0,00563	1
174 pelea	0,00806	1	217 perchero	0,00563	1
175 cagallón	0,00806	1	218 bebida	0,00563	1
176 crear	0,00806	1	219 actividad	0,00563	1
177 cadira	0,00806	1	220 radiador	0,00563	1
178 plastidecor	0,00770	2	221 recogida	0,00563	1
179 escritorio	0,00750	1	222 ayuda	0,00563	1
180 piano	0,00750	1	223 geografía	0,00563	1
181 divertirse	0,00750	1	224 reja	0,00554	2
182 conserjería	0,00750	1	225 persiana	0,00541	3
183 nota	0,00750	1	226 bolí(grafo) azul	0,00524	1
184 felicidad	0,00750	1	227 lettering	0,00524	1
185 gesto	0,00750	1	228 excursión	0,00524	1
186 cartel	0,00739	2	229 cuento	0,00524	1
187 bolí(grafo) negro	0,00717	2	230 lavabo	0,00524	1
188 lámpara	0,00698	1	231 secretaría	0,00500	2
189 ridículo	0,00698	1	232 cinta de doble cara	0,00487	1
190 psicólogo	0,00698	1	233 puerta de metal	0,00487	1
191 sirena	0,00698	1	234 aburrimiento	0,00487	1
192 portátil	0,00698	1	235 estudiante	0,00487	1
193 diploma	0,00698	1	236 espejo	0,00487	1
194 deporte	0,00680	2	237 esqueleto	0,00473	2
195 bolí(grafo) rojo	0,00666	2	238 fuente	0,00473	2
196 monitor	0,00650	1	239 autobús escolar	0,00454	1
197 tablero	0,00650	1	240 calculadora	0,00454	1
198 mapamundi	0,00650	1	241 ladrillo	0,00454	1
199 patio cubierto	0,00650	1	242 projecte	0,00454	1
200 crayón	0,00650	1	243 rocódromo	0,00454	1
201 digital	0,00650	1	244 garaje	0,00454	1
202 borrador	0,00650	1	245 nostalgia	0,00454	1
203 campana	0,00650	1	246 bocadillo	0,00454	1
204 satisfacción	0,00650	1	247 tarea	0,00454	1
205 mensaje positivo	0,00650	1	248 cortina	0,00438	2
206 bolí(grafo) verde	0,00619	2	249 jardín	0,00422	1
207 cable	0,00614	2	250 balón de fútbol	0,00422	1
208 compañía	0,00605	1	251 ascensor	0,00422	1
209 química	0,00605	1	252 ejercicio	0,00422	1
210 ceras	0,00605	1	253 ropa	0,00393	1
211 educación	0,00605	1	254 robot	0,00393	1
212 estante	0,00576	2	255 balón de baloncesto	0,00393	1
213 religión	0,00563	1			

Rango/vocablo	IDL	% Apar.	Rango/vocablo	IDL	% Apar.
256 arte	0,00393	1	290 atletismo	0,00274	1
257 bicho	0,00393	1	291 mesa de ping pong	0,00274	1
258 campo	0,00393	1	292 césped	0,00274	1
259 pizarra electrónica	0,00393	1	293 calificación	0,00274	1
260 recepción	0,00393	1	294 número	0,00274	1
261 gimnasia	0,00393	1	295 cocinero	0,00274	1
262 fecha	0,00366	1	296 emoción	0,00255	1
263 habitación	0,00366	1	297 tiempo	0,00255	1
264 bolso	0,00366	1	298 llave	0,00255	1
265 fútbol	0,00366	1	299 tele(visión)	0,00255	1
266 piedra	0,00362	2	300 lista	0,00255	1
267 dibujo	0,00340	1	301 voleibol	0,00255	1
268 barro	0,00340	1	302 caja de plástica	0,00255	1
269 básquet	0,00340	1	303 español	0,00238	1
270 libro de lectura	0,00340	1	304 neceser	0,00238	1
271 cámara	0,00340	1	305 chincheta	0,00238	1
272 pincel	0,00340	1	306 texto	0,00238	1
273 jabón	0,00340	1	307 vestuario	0,00238	1
274 raqueta	0,00317	1	308 adrenalina	0,00238	1
275 mural	0,00317	1	309 idioma	0,00238	1
276 pilota dalt corda	0,00317	1	310 empatía	0,00221	1
277 frase motivadora	0,00317	1	311 almorzar	0,00221	1
278 baile	0,00317	1	312 hombre	0,00221	1
279 pica	0,00317	1	313 mujer	0,00206	1
280 mapa mundo	0,00295	1	314 adolescente	0,00191	1
281 red	0,00295	1	315 papel continuo	0,00191	1
282 carrera	0,00295	1	316 yudo	0,00191	1
283 acuarela	0,00295	1	317 parking	0,00178	1
284 parchís	0,00295	1	318 sobre	0,00178	1
285 huerto	0,00295	1	319 becario	0,00178	1
286 casita	0,00295	1	320 portaminas	0,00154	1
287 tabla	0,00295	1	321 fotocopiadora	0,00154	1
288 apuntes	0,00295	1	322 bandeja	0,00144	1
289 baqueta	0,00295	1			

07. La ciudad

Rango/vocablo	IDL	% Apar.	Rango/vocablo	IDL	% Apar.
1 edificio	0,52470	64	43 iglesia	0,04367	9
2 coche	0,49534	69	44 pájaro	0,04294	8
3 casa	0,49439	71	45 animal	0,04118	7
4 tienda	0,34347	51	46 gato	0,04118	10
5 carretera	0,32594	48	47 museo	0,04019	8
6 árbol	0,23065	39	48 rotonda	0,03879	7
7 persona	0,22913	34	49 oficina	0,03861	7
8 parque	0,21291	38	50 basura	0,03763	8
9 semáforo	0,17790	30	51 comida	0,03734	7
10 cole(gio)	0,16798	30	52 puerta	0,03641	6
11 rascacielos	0,16552	24	53 hotel	0,03561	7
12 centro comercial	0,15703	25	54 playa	0,03405	7
13 calle	0,13751	20	55 cine	0,03311	7
14 restaurante	0,13471	27	56 farmacia	0,03296	5
15 gente	0,12519	19	57 metro	0,03286	6
16 moto(cicleta)	0,12298	22	58 avión	0,03234	6
17 piso	0,10601	17	59 fuente	0,03230	5
18 escuela	0,10552	18	60 puente	0,03221	7
19 bar	0,09993	20	61 ruido	0,03195	6
20 banco	0,09930	17	62 amigo	0,03114	5
21 supermercado	0,09064	17	63 estación	0,03109	8
22 farola	0,08584	14	64 montaña	0,03085	4
23 (auto)bús	0,08434	18	65 aeropuerto	0,02941	5
24 contaminación	0,07654	10	66 empresa	0,02930	5
25 plaza	0,07291	13	67 cartel	0,02827	5
26 bici(cleta)	0,07159	13	68 Valencia	0,02777	3
27 señal	0,06825	11	69 vehículo	0,02744	4
28 planta	0,06746	11	70 casa de cultura	0,02721	4
29 taxi	0,06566	12	71 peluquería	0,02712	6
30 perro	0,06376	13	72 gimnasio	0,02665	5
31 mercado	0,05646	11	73 alcantarilla	0,02663	6
32 finca	0,05643	8	74 policía	0,02590	7
33 hospital	0,05113	11	75 camión	0,02563	9
34 mercadona	0,04917	7	76 fábrica	0,02549	5
35 ventana	0,04912	9	77 polideportivo	0,02545	5
36 campo de fútbol	0,04726	9	78 paso de peatón	0,02467	5
37 instituto	0,04711	11	79 cafetería	0,02391	5
38 paso de cebra	0,04703	10	80 río	0,02389	5
39 estatua	0,04663	8	81 sol	0,02281	3
40 acera	0,04603	11	82 ropa	0,02273	3
41 niño	0,04511	10	83 patinete	0,02267	6
42 tren	0,04468	8	84 chino	0,02218	4

Rango/vocablo	IDL	% Apar.	Rango/vocablo	IDL	% Apar.
85 hombre	0,02163	3	128 palmera	0,01174	2
86 ladrón	0,02000	2	129 ayuntamiento	0,01158	4
87 mujer	0,01998	3	130 accidente	0,01146	2
88 chalet	0,01946	3	131 discoteca	0,01145	4
89 falla	0,01931	3	132 buzón	0,01138	3
90 universidad	0,01904	4	133 obra	0,01134	2
91 Madrid	0,01861	3	134 camino	0,01118	2
92 tienda de ropa	0,01848	2	135 construcción	0,01098	2
93 apartamento	0,01847	3	136 escalera	0,01085	2
94 capital	0,01821	3	137 ave	0,01076	3
95 paloma	0,01808	3	138 parking	0,01069	2
96 mansión	0,01803	3	139 lluvia	0,01060	2
97 garaje	0,01720	3	140 bebé	0,01058	2
98 suelo	0,01673	2	141 frutería	0,01053	3
99 piscina	0,01656	4	142 agua	0,01031	4
100 flor	0,01636	3	143 silla	0,01026	2
101 torre	0,01597	3	144 carril bici	0,01007	2
102 biblioteca	0,01522	3	145 hormiga	0,01002	2
103 publicidad	0,01516	3	146 tienda de muebles	0,01000	1
104 abuelo	0,01497	4	147 papelera	0,01000	1
105 catedral	0,01478	3	148 Mondúver	0,01000	1
106 nube	0,01456	2	149 máquina expendedora	0,01000	1
107 vagabundo	0,01456	2			
108 consum	0,01414	3	150 gasolina	0,01000	1
109 mar	0,01409	4	151 belleza	0,01000	1
110 zoo(lógico)	0,01390	4	152 felicidad	0,01000	1
111 cartell	0,01345	2	153 Londres	0,01000	1
112 móvil	0,01330	3	154 New York	0,01000	1
113 jardín	0,01323	3	155 central nuclear	0,01000	1
114 quiosco	0,01323	3	156 Berlín	0,01000	1
115 luz	0,01279	3	157 panadería	0,00983	2
116 uber	0,01278	2	158 cartel de publicidad	0,00980	2
117 pista	0,01271	2			
118 campo	0,01267	3	159 arena	0,00973	3
119 hoja	0,01252	3	160 Torre Eiffel	0,00948	2
120 furgoneta	0,01252	4	161 Castellón	0,00924	1
121 tienda de moda	0,01243	2	162 bajo	0,00924	1
122 basurero	0,01239	2	163 sierra	0,00924	1
123 contenedor	0,01239	2	164 autopista	0,00924	1
124 fiesta	0,01235	3	165 anuncio	0,00924	1
125 monumento	0,01221	3	166 cielo	0,00924	1
126 carro	0,01210	2	167 nike	0,00924	1
127 ambulancia	0,01203	2	168 Gandía	0,00924	1

Rango/vocablo	IDL	% Apar.	Rango/vocablo	IDL	% Apar.
169 parque acuático	0,00924	1	211 puma	0,00673	1
170 guardería	0,00905	3	212 Donesk	0,00673	1
171 bazar	0,00894	3	213 tiburón	0,00659	2
172 avenida	0,00876	2	214 reloj	0,00638	2
173 mercadillo	0,00876	2	215 motel	0,00626	2
174 bombero	0,00870	3	216 hamburguesería	0,00621	1
175 adidas	0,00853	1	217 patio	0,00621	1
176 muralla	0,00853	1	218 teléfono	0,00621	1
177 aldi	0,00853	1	219 helipuerto	0,00621	1
178 cemento	0,00853	1	220 santuario	0,00621	1
179 parque de atracciones	0,00853	1	221 aire	0,00611	2
			222 placa solar	0,00609	2
180 columpio	0,00843	2	223 medusa	0,00609	2
181 patín	0,00826	2	224 tranvía	0,00607	2
182 juguete	0,00826	2	225 valla	0,00607	2
183 electricidad	0,00819	2	226 médico	0,00593	2
184 feria	0,00814	2	227 dinero	0,00593	2
185 paso	0,00788	1	228 cancha	0,00578	2
186 atracción	0,00788	1	229 residencia	0,00574	1
187 borracho	0,00788	1	230 peatón	0,00574	1
188 decathlon	0,00788	1	231 edificación	0,00574	1
189 comedor	0,00788	1	232 estructura	0,00574	1
190 bebida	0,00788	1	233 antena	0,00574	1
191 Alicante	0,00788	1	234 burguer	0,00574	1
192 verdulería	0,00775	2	235 corte inglés	0,00574	1
193 adulto	0,00746	3	236 rosa	0,00574	1
194 humo	0,00728	1	237 cámara	0,00574	1
195 chuche	0,00728	1	238 Valladolid	0,00574	1
196 vegetación	0,00728	1	239 tienda de juguetes	0,00562	2
197 señal de tráfico	0,00728	1	240 máquina	0,00551	2
198 lujo	0,00728	1	241 patinete eléctrico	0,00530	1
199 joma	0,00728	1	242 robo	0,00530	1
200 Kiev	0,00728	1	243 barco	0,00530	1
201 veterinario	0,00728	1	244 conocido	0,00530	1
202 atasco	0,00728	1	245 Santander	0,00530	1
203 barrio	0,00692	2	246 humano	0,00530	1
204 perfumería	0,00673	1	247 kfc	0,00530	1
205 cristal	0,00673	1	248 ferrari	0,00530	1
206 tecnología	0,00673	1	249 pilote	0,00530	1
207 alegría	0,00673	1	250 personal	0,00530	1
208 plaza mayor	0,00673	1	251 tienda de zapatos	0,00519	2
209 teleférico	0,00673	1	252 piedra	0,00519	2
210 lámpara	0,00673	1	253 gorrión	0,00490	1

Rango/vocablo	IDL	% Apar.	Rango/vocablo	IDL	% Apar.
254 huerto	0,00490	1	295 palau Ducal	0,00329	1
255 mcdonal's	0,00490	1	296 librería	0,00329	1
256 viento	0,00490	1	297 estación de metro	0,00329	1
257 casino	0,00490	1	298 animal doméstico	0,00329	1
258 Big Ben	0,00490	1	299 obrero	0,00329	1
259 Barcelona	0,00490	1	300 frio	0,00329	1
260 transporte	0,00490	1	301 juguetería	0,00329	1
261 pescadería	0,00490	1	302 desagüe	0,00329	1
262 grifo	0,00490	1	303 pantalla	0,00329	1
263 caseta	0,00490	1	304 estación de (auto) bús	0,00304	1
264 alfombra	0,00490	1	305 Puigcampana	0,00304	1
265 torre gemela	0,00452	1	306 calor	0,00304	1
266 estadio de fútbol	0,00452	1	307 escarabajo	0,00304	1
267 trabajo	0,00452	1	308 tejado	0,00304	1
268 establecimiento	0,00452	1	309 asfalto	0,00304	1
269 estanco	0,00418	1	310 infantil	0,00304	1
270 acuático	0,00418	1	311 saler	0,00304	1
271 centro	0,00418	1	312 ambulatorio	0,00304	1
272 zapatería	0,00418	1	313 cuponero	0,00304	1
273 anciano	0,00418	1	314 casco antiguo	0,00304	1
274 ser vivo	0,00418	1	315 gasolinera	0,00281	1
275 mesa	0,00418	1	316 bonaire	0,00281	1
276 clínica	0,00418	1	317 concurrido	0,00281	1
277 tráfico	0,00418	1	318 zapato	0,00281	1
278 reja	0,00418	1	319 auditorio	0,00281	1
279 arbusto	0,00418	1	320 adosado	0,00281	1
280 lago	0,00409	2	321 aparcamiento	0,00281	1
281 callejón	0,00386	1	322 vía	0,00260	1
282 edificio de bomberos	0,00386	1	323 guardia civil	0,00260	1
283 barandilla	0,00386	1	324 joyería	0,00260	1
284 colibrí	0,00386	1	325 fuego	0,00260	1
285 pez	0,00357	1	326 coliseo	0,00260	1
286 estación de tren	0,00357	1	327 bolso	0,00260	1
287 paseo	0,00357	1	328 excavadora	0,00260	1
288 centro de adopción	0,00357	1	329 bolsa	0,00240	1
289 parada de (auto) bús	0,00357	1	330 correo	0,00240	1
290 castillo	0,00357	1	331 juzgado	0,00240	1
291 balcón	0,00357	1	332 muelle	0,00240	1
292 bioparc	0,00329	1	333 ordenador	0,00240	1
293 aqua	0,00329	1	334 cartero	0,00240	1
294 cajero	0,00329	1	335 cuartel	0,00240	1
			336 abogado	0,00222	1

Rango/vocablo	IDL	% Apar.	Rango/vocablo	IDL	% Apar.
337 timbre	0,00222	1	343 balón	0,00189	1
338 hierba	0,00222	1	344 cojo	0,00189	1
339 ciego	0,00205	1	345 cartón	0,00189	1
340 pobre	0,00205	1	346 floristería	0,00175	1
341 almacén	0,00205	1	347 parada de metro	0,00175	1
342 play	0,00189	1			

08. El campo

Rango/vocablo		IDL	% Apar.	Rango/vocablo		IDL	% Apar.
1	árbol	0,59649	77	43	huerto	0,05024	10
2	planta	0,39098	47	44	serpiente	0,04887	7
3	animal	0,32340	47	45	araña	0,04840	8
4	flor	0,28589	41	46	naturaleza	0,04709	9
5	tierra	0,25089	40	47	granja	0,04674	6
6	hierba	0,22758	34	48	barro	0,04346	8
7	naranja	0,21419	27	49	zorro	0,04300	10
8	perro	0,17654	27	50	jabalí	0,04201	10
9	hoja	0,14432	27	51	cultivo	0,03998	6
10	pájaro	0,14156	23	52	lago	0,03925	7
11	césped	0,13915	19	53	saltamontes	0,03911	7
12	fruta	0,13631	22	54	rosa	0,03863	7
13	piedra	0,12960	22	55	pino	0,03813	7
14	verdura	0,12565	18	56	margarita	0,03570	6
15	arbusto	0,11904	20	57	mosca	0,03473	7
16	gato	0,11181	18	58	agricultor	0,03458	6
17	granjero	0,10522	14	59	rata	0,03373	6
18	montaña	0,10445	17	60	camino	0,03317	7
19	gallina	0,10266	15	61	rama	0,03284	6
20	río	0,09962	18	62	avispa	0,03206	6
21	casa	0,09662	14	63	maíz	0,03189	5
22	limón	0,09412	13	64	roca	0,03095	4
23	agua	0,09112	17	65	pera	0,03057	6
24	manzana	0,08080	15	66	aire	0,02958	6
25	vaca	0,07967	13	67	semilla	0,02941	6
26	tractor	0,07875	13	68	comida	0,02926	6
27	cerdo	0,07568	13	69	basura	0,02852	6
28	persona	0,07328	14	70	caballo	0,02817	5
29	hormiga	0,07215	14	71	mariquita	0,02791	4
30	insecto	0,06883	11	72	cabra	0,02784	5
31	conejo	0,06843	12	73	hortaliza	0,02657	4
32	arena	0,06520	12	74	tomatera	0,02570	4
33	abeja	0,06422	11	75	girasol	0,02494	4
34	tomate	0,05733	12	76	olivera	0,02436	4
35	piscina	0,05689	8	77	chalet	0,02404	4
36	mosquito	0,05680	9	78	fruto	0,02370	3
37	rastrillo	0,05665	14	79	gusano	0,02333	4
38	zanahoria	0,05567	9	80	jardinero	0,02295	3
39	lechuga	0,05336	9	81	alcachofa	0,02291	3
40	pala	0,05198	12	82	coche	0,02289	5
41	bicho	0,05189	9	83	ardilla	0,02259	5
42	naranjo	0,05186	7	84	lobo	0,02252	5

Rango/vocablo		IDL	% Apar.
85	plátano	0,02240	5
86	fresa	0,02217	4
87	pasto	0,02166	3
88	sandía	0,02143	4
89	bosque	0,02139	3
90	valla	0,02087	4
91	escarabajo	0,02068	5
92	fútbol	0,02000	2
93	huerta	0,01959	3
94	suelo	0,01959	4
95	raíz	0,01921	4
96	patata	0,01872	4
97	pato	0,01862	3
98	piña	0,01839	4
99	trigo	0,01825	4
100	vegetal	0,01733	3
101	regadera	0,01729	2
102	gasolina	0,01724	2
103	paja	0,01690	2
104	cosecha	0,01667	3
105	mandarina	0,01662	3
106	cabaña	0,01637	3
107	ciervo	0,01635	3
108	incendio	0,01601	2
109	banco	0,01594	3
110	paloma	0,01590	3
111	madera	0,01584	3
112	alimento	0,01569	2
113	palo	0,01536	4
114	tulipán	0,01527	3
115	pez	0,01519	3
116	mariposa	0,01508	4
117	regar	0,01505	3
118	cucaracha	0,01496	3
119	planta carnívora	0,01486	2
120	botella	0,01448	3
121	casa abandonada	0,01441	2
122	melón	0,01437	3
123	trabajo	0,01433	2
124	limonero	0,01433	2
125	puente	0,01416	3
126	oruga	0,01414	2
127	nube	0,01395	2

Rango/vocablo		IDL	% Apar.
128	abuelo	0,01371	2
129	calabaza	0,01359	3
130	oveja	0,01357	3
131	vegetación	0,01354	2
132	carretera	0,01338	2
133	charco	0,01338	2
134	manguera	0,01336	3
135	burro	0,01295	3
136	abono	0,01283	2
137	pozo	0,01282	2
138	podadora	0,01273	2
139	manzano	0,01273	2
140	casita	0,01203	2
141	familia	0,01203	2
142	papel	0,01197	3
143	guía	0,01190	2
144	mantis religiosa	0,01166	2
145	arroz	0,01163	3
146	gallo	0,01129	2
147	roble	0,01084	2
148	playa	0,01073	2
149	lagartija	0,01065	2
150	banana	0,01063	2
151	herramienta	0,01048	2
152	romero	0,01037	2
153	caballón	0,01029	2
154	cascada	0,01029	2
155	naranjero	0,01026	2
156	rana	0,01000	1
157	tienda de campaña	0,01000	1
158	campo de tenis	0,01000	1
159	balón	0,01000	1
160	campo	0,01000	1
161	águila	0,00995	2
162	hierbabuena	0,00995	2
163	acequia	0,00963	2
164	azada	0,00952	2
165	rifle	0,00928	1
166	jardín	0,00928	1
167	caminata	0,00928	1
168	canal	0,00928	1
169	tenis	0,00928	1
170	cono	0,00928	1

Rango/vocablo	IDL	% Apar.	Rango/vocablo	IDL	% Apar.
171 cerezo	0,00928	1	214 trébol	0,00743	1
172 niño	0,00928	1	215 murta	0,00743	1
173 Mestalla	0,00928	1	216 mercado	0,00743	1
174 tronco	0,00927	3	217 calor	0,00743	1
175 metal	0,00906	2	218 seto	0,00743	1
176 sol	0,00905	3	219 pimiento	0,00743	1
177 ratón	0,00901	2	220 plantación	0,00739	2
178 mora	0,00885	2	221 lluvia	0,00739	2
179 almendro	0,00884	2	222 cubo	0,00739	2
180 motosierra	0,00884	2	223 ouet	0,00690	1
181 búho	0,00884	2	224 quemadura	0,00690	1
182 caracol	0,00878	2	225 coyote	0,00690	1
183 caca	0,00878	2	226 espejo	0,00690	1
184 mamá	0,00862	1	227 camión	0,00690	1
185 baño	0,00862	1	228 máquina	0,00669	2
186 col	0,00862	1	229 cebolla	0,00641	1
187 beisbol	0,00862	1	230 respirar	0,00641	1
188 red	0,00862	1	231 mala hierba	0,00641	1
189 fogata	0,00862	1	232 agricultura	0,00641	1
190 espina	0,00862	1	233 coliflor	0,00641	1
191 aguacate	0,00857	2	234 soleado	0,00641	1
192 gente	0,00836	2	235 tijeras	0,00641	1
193 almendra	0,00830	2	236 cultivador	0,00641	1
194 espacio	0,00823	2	237 ave	0,00641	1
195 león	0,00821	2	238 grada	0,00641	1
196 cama	0,00800	1	239 pavo	0,00641	1
197 barca	0,00800	1	240 casella	0,00641	1
198 natación	0,00800	1	241 sierra	0,00641	1
199 camping	0,00800	1	242 berenjena	0,00637	2
200 ciempiés	0,00800	1	243 melocotón	0,00608	2
201 sillón	0,00800	1	244 caseta	0,00595	1
202 oliva	0,00800	1	245 senda	0,00595	1
203 campo de futbol	0,00800	1	246 ganadería	0,00595	1
204 escuela	0,00800	1	247 plástico	0,00595	1
205 polen	0,00797	2	248 moscardón	0,00595	1
206 tigre	0,00762	2	249 elefante	0,00595	1
207 cortacésped	0,00759	2	250 colegio	0,00595	1
208 liebre	0,00759	2	251 recoger	0,00595	1
209 vestuario	0,00743	1	252 amapola	0,00592	2
210 dinero	0,00743	1	253 descampado	0,00552	1
211 grafiti	0,00743	1	254 caseta de herramientas	0,00552	1
212 clotxa	0,00743	1			
213 lucha	0,00743	1	255 chicharra	0,00552	1

Rango/vocablo	IDL	% Apar.	Rango/vocablo	IDL	% Apar.
256 olivo	0,00552	1	299 ruta	0,00411	1
257 pepino	0,00552	1	300 balsa	0,00381	1
258 albaricoque	0,00552	1	301 caja	0,00381	1
259 bicho palo	0,00552	1	302 palmera	0,00381	1
260 mapa	0,00552	1	303 primavera	0,00381	1
261 canguro	0,00552	1	304 hotel	0,00381	1
262 sequía	0,00552	1	305 bellota	0,00381	1
263 edificio	0,00552	1	306 carne	0,00381	1
264 escalera	0,00513	1	307 fertilizante	0,00381	1
265 puerro	0,00513	1	308 fuente	0,00381	1
266 terreno	0,00513	1	309 estornino	0,00381	1
267 plantar	0,00513	1	310 pastor	0,00381	1
268 aire puro	0,00513	1	311 quemador	0,00381	1
269 brócoli	0,00513	1	312 baya	0,00381	1
270 mapache	0,00513	1	313 pomelo	0,00381	1
271 grillo	0,00513	1	314 loro	0,00354	1
272 musgo	0,00513	1	315 cisne	0,00354	1
273 yegua	0,00513	1	316 piñón	0,00354	1
274 atajo	0,00476	1	317 adolescente	0,00354	1
275 mercadillo	0,00476	1	318 barranco	0,00354	1
276 cocina	0,00476	1	319 arroyo	0,00329	1
277 esfuerzo	0,00476	1	320 anou	0,00329	1
278 cebra	0,00476	1	321 uva	0,00329	1
279 regador	0,00476	1	322 alegría	0,00329	1
280 deforestación	0,00476	1	323 ternera	0,00329	1
281 telaraña	0,00459	2	324 silencio	0,00329	1
282 petirrojo	0,00442	1	325 cazador	0,00329	1
283 mazorca	0,00442	1	326 pareja	0,00329	1
284 lavadero	0,00442	1	327 pueblo	0,00329	1
285 estanque	0,00442	1	328 libertad	0,00329	1
286 libélula	0,00442	1	329 bala de escopeta	0,00329	1
287 olmo	0,00442	1	330 cansancio	0,00305	1
288 hoz	0,00442	1	331 escalera de piedra	0,00305	1
289 guisante	0,00411	1	332 picnic	0,00305	1
290 hierbajo	0,00411	1	333 emoción	0,00305	1
291 platanero	0,00411	1	334 martillo	0,00305	1
292 aire libre	0,00411	1	335 mar	0,00305	1
293 ermita	0,00411	1	336 oro	0,00283	1
294 espantapájaros	0,00411	1	337 vidrio	0,00283	1
295 remolacha	0,00411	1	338 amigo	0,00283	1
296 carretilla	0,00411	1	339 colina	0,00283	1
297 urraca	0,00411	1	340 agujero	0,00283	1
298 garrofón	0,00411	1	341 matorral	0,00283	1

Rango/vocablo	IDL	% Apar.	Rango/vocablo	IDL	% Apar.
342 haba	0,00283	1	353 caqui	0,00244	1
343 cruz	0,00283	1	354 frambuesa	0,00227	1
344 señal	0,00263	1	355 detector de metal	0,00227	1
345 establo	0,00263	1	356 mula	0,00227	1
346 calabacín	0,00263	1	357 oxígeno	0,00211	1
347 buitre	0,00263	1	358 ventana	0,00211	1
348 bota	0,00263	1	359 vista	0,00195	1
349 casa vieja	0,00263	1	360 cabra montesa	0,00182	1
350 salmón	0,00244	1	361 navaja	0,00182	1
351 colibrí	0,00244	1	362 planta aromática	0,00169	1
352 castillo	0,00244	1	363 clavel	0,00135	1

09. Medios de transporte

Rango/vocablo	IDL	% Apar.
1 coche	0,82186	95
2 avión	0,65095	90
3 (auto)bús	0,47867	74
4 barco	0,45448	77
5 tren	0,42631	67
6 moto(cicleta)	0,41679	70
7 bici(cleta)	0,40495	71
8 taxi	0,24412	39
9 submarino	0,22646	43
10 helicóptero	0,21549	42
11 camión	0,20721	36
12 patinete	0,20233	45
13 metro	0,17716	35
14 patín	0,14251	31
15 avioneta	0,12299	30
16 tranvía	0,10806	19
17 furgoneta	0,10090	20
18 patinete eléctrico	0,08041	22
19 crucero	0,06496	17
20 barca	0,06443	13
21 caminando	0,05904	11
22 monopatín	0,05857	14
23 ferrari	0,05715	16
24 lancha	0,05512	14
25 bici(cleta) eléctrica	0,04832	10
26 uber	0,04595	7
27 carro	0,04532	6
28 patín eléctrico	0,04177	9
29 caravana	0,04102	8
30 velero	0,03951	10
31 caballo	0,03932	8
32 tractor	0,03889	8
33 a pie	0,03872	8
34 coche eléctrico	0,03858	9
35 yate	0,03604	9
36 skate	0,03587	10
37 camioneta	0,03467	8
38 lamborghini	0,03311	10
39 mercedes (benz)	0,02827	8
40 globo	0,02812	6
41 jet	0,02652	6
42 coche policía	0,02567	4

Rango/vocablo	IDL	% Apar.
43 ambulancia	0,02503	4
44 moto(cicleta) de agua	0,02465	5
45 bote	0,02305	4
46 cohete	0,02283	5
47 corriendo	0,02113	6
48 ferri	0,02035	5
49 ave	0,02014	4
50 tesla	0,01997	7
51 limusina	0,01939	3
52 quad	0,01741	6
53 coche híbrido	0,01555	3
54 nadando	0,01547	3
55 tanque	0,01531	4
56 canoa	0,01517	4
57 andando	0,01467	4
58 (lancha) motora	0,01465	2
59 audi	0,01291	4
60 globo aerostático	0,01240	4
61 caza	0,01151	3
62 triciclo	0,01117	4
63 moto(cicleta) acuática	0,01085	3
64 ferrocarril	0,01062	2
65 carroza	0,01051	3
66 grúa	0,00983	2
67 bugatti	0,00948	3
68 buceando	0,00896	1
69 carruaje	0,00896	1
70 nissan	0,00881	2
71 porche	0,00872	3
72 tuc-tuc	0,00803	1
73 autocaravana	0,00794	2
74 toyota	0,00790	2
75 bmw	0,00766	3
76 burro	0,00746	2
77 tren bajo el agua	0,00746	2
78 coche volador	0,00720	1
79 bmx	0,00720	1
80 teleférico	0,00716	2
81 renfe	0,00669	2
82 nave	0,00669	2

Rango/vocablo	IDL	% Apar.
83 jaguar	0,00669	2
84 moto(cicleta) eléctrica	0,00658	2
85 camión de bombero	0,00645	1
86 cochemoto	0,00645	1
87 tráiler	0,00645	1
88 minibús	0,00578	1
89 peugeot	0,00550	2
90 titanic	0,00518	1
91 tanqueta	0,00518	1
92 motocrós	0,00509	2
93 kia	0,00484	2
94 volkswagen	0,00465	1
95 snowboard	0,00465	1
96 camión de basura	0,00465	1
97 carreta	0,00465	1
98 auto	0,00416	1
99 nave espacial	0,00416	1
100 citroen	0,00416	1
101 minibarco	0,00416	1
102 carro de golf	0,00408	2
103 locomotora	0,00393	2
104 camión de helado	0,00373	1
105 vagón	0,00373	1
106 tabla de surf	0,00373	1
107 todoterreno	0,00371	2
108 ford	0,00349	2
109 silla de ruedas	0,00334	1

Rango/vocablo	IDL	% Apar.
110 deportivo	0,00334	1
111 yegua	0,00334	1
112 trotando	0,00334	1
113 coche antiguo	0,00300	1
114 mula	0,00300	1
115 opel	0,00300	1
116 monopatín eléctrico	0,00300	1
117 dacia	0,00300	1
118 kart	0,00300	1
119 f1	0,00269	1
120 saltando	0,00269	1
121 picasso	0,00269	1
122 combo	0,00269	1
123 coche italiano	0,00241	1
124 mazda	0,00241	1
125 coche descapotable	0,00241	1
126 ibiza	0,00241	1
127 pesquero	0,00241	1
128 jeep	0,00241	1
129 camión de mercadona	0,00216	1
130 paracaídas	0,00193	1
131 (auto)bús eléctrico	0,00193	1
132 (auto)bús escolar	0,00193	1
133 coche mágico	0,00173	1
134 quitanieves	0,00173	1
135 balsa	0,00173	1
136 land rover	0,00155	1

10. Animales

Rango/vocablo		IDL	% Apar.
1	perro	0,72195	82
2	gato	0,69437	82
3	león	0,43513	71
4	pez	0,34434	63
5	tigre	0,29172	49
6	pájaro	0,27315	47
7	tiburón	0,25536	50
8	conejo	0,23441	39
9	mono	0,22537	36
10	caballo	0,21486	37
11	elefante	0,21030	39
12	dinosaurio	0,20981	33
13	cerdo	0,19360	35
14	vaca	0,18434	35
15	serpiente	0,18359	34
16	jirafa	0,17147	33
17	águila	0,16271	31
18	gallina	0,15156	29
19	leopardo	0,15074	24
20	hámster	0,14069	25
21	tortuga	0,13173	22
22	oso	0,12075	23
23	zorro	0,11870	17
24	hormiga	0,10894	22
25	rata	0,10740	21
26	ballena	0,10573	24
27	oveja	0,10377	20
28	delfín	0,10068	20
29	rinoceronte	0,10031	20
30	abeja	0,10018	18
31	cocodrilo	0,09934	18
32	(oso) panda	0,09703	18
33	gorila	0,09701	15
34	cebra	0,09682	19
35	cabra	0,09544	17
36	ratón	0,07441	15
37	mariposa	0,07432	16
38	lobo	0,07424	14
39	hipopótamo	0,07337	16
40	koala	0,07281	15
41	rana	0,07259	14
42	pulpo	0,07083	15

Rango/vocablo		IDL	% Apar.
43	pato	0,07009	12
44	araña	0,06984	16
45	paloma	0,06864	15
46	toro	0,06683	13
47	burro	0,06341	10
48	flamenco	0,06251	13
49	guepardo	0,06071	11
50	ciervo	0,05872	10
51	loro	0,05837	11
52	cangrejo	0,05634	12
53	gusano	0,05068	9
54	gaviota	0,05039	7
55	mosquito	0,04965	9
56	mosca	0,04908	11
57	ornitorrinco	0,04827	9
58	halcón	0,04715	11
59	pingüino	0,04655	10
60	medusa	0,04653	10
61	yegua	0,04591	10
62	mapache	0,04361	8
63	jabalí	0,04352	8
64	mamut	0,04329	7
65	gallo	0,04258	10
66	oruga	0,04250	6
67	avestruz	0,04202	10
68	camaleón	0,04099	8
69	oso polar	0,03931	9
70	jaguar	0,03841	7
71	periquito	0,03591	8
72	foca	0,03532	9
73	mariquita	0,03497	6
74	ardilla	0,03478	5
75	pantera	0,03473	9
76	salmón	0,03332	7
77	canguro	0,03204	7
78	pollo	0,03195	10
79	puma	0,03171	7
80	búho	0,02934	8
81	lagartija	0,02919	6
82	unicornio	0,02897	6
83	caracol	0,02835	5
84	lince	0,02806	6

Rango/vocablo	IDL	% Apar.
85 insecto	0,02689	4
86 camello	0,02651	8
87 hurón	0,02579	4
88 orca	0,02503	5
89 cucaracha	0,02502	6
90 pez globo	0,02485	6
91 búfalo	0,02408	4
92 avispa	0,02394	4
93 pavo	0,02336	4
94 caniche	0,02329	3
95 ocelote	0,02224	4
96 capibara	0,02176	3
97 llama	0,02174	5
98 buitre	0,02162	5
99 cuervo	0,02140	5
100 murciélago	0,02135	3
101 pastor alemán	0,02119	3
102 minotauro	0,02000	2
103 pelícano	0,01989	4
104 merluza	0,01913	3
105 nutria	0,01913	4
106 pointer	0,01869	2
107 saltamontes	0,01863	6
108 iguana	0,01804	3
109 escarabajo	0,01793	5
110 buey	0,01780	3
111 pangolín	0,01764	3
112 hiena	0,01751	4
113 calamar	0,01724	3
114 pájaro carpintero	0,01722	3
115 oso pardo	0,01680	4
116 pez payaso	0,01639	3
117 sapo	0,01600	4
118 colibrí	0,01581	4
119 caballito de mar	0,01563	5
120 estrella de mar	0,01529	4
121 velociraptor	0,01504	3
122 ave	0,01457	3
123 dragón	0,01426	2
124 gacela	0,01424	3
125 pastor	0,01333	2
126 oca	0,01306	3
127 morsa	0,01300	3

Rango/vocablo	IDL	% Apar.
128 liebre	0,01233	3
129 lagarto	0,01202	3
130 orangután	0,01156	3
131 cordero	0,01155	3
132 castor	0,01132	2
133 suricata	0,01131	2
134 piraña	0,01099	3
135 sardina	0,01067	2
136 manso	0,01022	4
137 galgo	0,01000	1
138 triceraton	0,01000	1
139 dragón de Komodo	0,01000	1
140 carabela portuguesa	0,01000	1
141 pez león	0,01000	1
142 herbívoro	0,01000	1
143 reno	0,00990	2
144 gamba	0,00962	2
145 chimpancé	0,00962	2
146 dorada	0,00939	2
147 mamífero	0,00935	1
148 panda rojo	0,00935	1
149 bicho	0,00908	3
150 mofeta	0,00896	2
151 babuino	0,00874	2
152 anquilosaurio	0,00873	1
153 ganso	0,00873	1
154 arce	0,00873	1
155 piojo	0,00863	2
156 libélula	0,00838	2
157 pulga	0,00825	2
158 pantera negra	0,00816	1
159 mula	0,00816	1
160 tucán	0,00763	1
161 lepidóptero	0,00763	1
162 raya	0,00761	2
163 escorpión	0,00740	2
164 dragón de comodoro	0,00713	1
165 chihuahua	0,00713	1
166 anaconda	0,00713	1
167 urraca	0,00713	1
168 perro de raza peligrosa	0,00713	1

Rango/vocablo	IDL	% Apar.
169 ciempiés	0,00705	2
170 pez espada	0,00703	2
171 tiburón martillo	0,00684	2
172 cobra real	0,00666	1
173 caimán	0,00666	1
174 cacatúa	0,00655	2
175 coral	0,00639	2
176 renacuajo	0,00623	1
177 manatí	0,00623	1
178 demonio de Tasmania	0,00623	1
179 tarántula	0,00623	1
180 gorrión	0,00623	1
181 babosa	0,00623	1
182 víbora	0,00623	1
183 manta raya	0,00604	2
184 tigre de Tasmania	0,00582	1
185 vaca	0,00544	1
186 cachalote	0,00508	1
187 canario	0,00508	1
188 oso americano	0,00508	1
189 esturión	0,00475	1
190 manta	0,00475	1
191 pavo real	0,00467	2
192 puerco espín	0,00444	1
193 anguila	0,00444	1
194 caballa	0,00415	1
195 simio	0,00415	1
196 anfibio	0,00388	1
197 alga	0,00388	1
198 felino	0,00388	1

Rango/vocablo	IDL	% Apar.
199 perezoso	0,00363	1
200 megalodón	0,00363	1
201 fiera	0,00363	1
202 cobra	0,00363	1
203 dodo	0,00363	1
204 ermitaño	0,00339	1
205 lombriz	0,00339	1
206 pollito	0,00339	1
207 garrapata	0,00339	1
208 topo	0,00317	1
209 rape	0,00317	1
210 mejillón	0,00317	1
211 narval	0,00317	1
212 venado	0,00296	1
213 tellina	0,00296	1
214 poni	0,00296	1
215 boquerón	0,00296	1
216 carnívoro	0,00277	1
217 alce	0,00277	1
218 clòtxina	0,00277	1
219 pez araña	0,00277	1
220 ñu	0,00277	1
221 lenguado	0,00258	1
222 emú	0,00258	1
223 lubina	0,00242	1
224 becerro	0,00242	1
225 pez volador	0,00226	1
226 erizo	0,00211	1
227 beluga	0,00197	1
228 bobo	0,00197	1
229 león marino	0,00184	1

11. Juegos y aficiones

Rango/vocablo	IDL	% Apar.	Rango/vocablo	IDL	% Apar.
1 fútbol	0,52282	65	43 ordenador	0,03795	6
2 básquet	0,25352	37	44 ni sí ni no	0,03625	9
3 escondite	0,23523	34	45 raspall	0,03612	6
4 pilla pilla	0,21453	31	46 cocinar	0,03491	5
5 balonmano	0,16600	27	47 party	0,03458	8
6 fornite	0,16500	24	48 dominó	0,03370	6
7 pintar	0,15997	24	49 preguntados	0,03356	10
8 tenis	0,14920	25	50 deporte	0,03325	6
9 ajedrez	0,14526	24	51 móvil	0,03247	6
10 colpbol	0,14361	22	52 nadar	0,03138	7
11 parchís	0,14130	24	53 saltar	0,03016	5
12 bailar	0,14064	26	54 gimnasia	0,02989	5
13 roblox	0,13540	20	55 jugar	0,02767	8
14 cantar	0,11787	21	56 youtube	0,02607	4
15 dibujar	0,11185	21	57 juego de mesa	0,02501	4
16 hockey	0,10515	17	58 música	0,02439	5
17 uno	0,10238	15	59 póquer	0,02352	3
18 monopoly	0,09783	16	60 tik tok	0,02335	4
19 voleibol	0,09525	16	61 cluedo	0,02238	4
20 oca	0,08998	16	62 tablet	0,02216	5
21 leer	0,08984	14	63 ciclismo	0,02179	4
22 baloncesto	0,08595	14	64 beisbol	0,02170	4
23 pádel	0,08551	15	65 dragon ball	0,02118	3
24 minecraft	0,07689	12	66 rugby	0,02069	4
25 fifa	0,07167	12	67 pared pared	0,02040	3
26 cementerio	0,06589	13	68 lego	0,02035	4
27 comba	0,06020	9	69 waterpolo	0,02031	4
28 play	0,05787	9	70 dos	0,02030	4
29 gta	0,05382	9	71 dibujo	0,02010	3
30 correr	0,05364	10	72 dormir	0,02009	5
31 videojuego	0,05348	9	73 pollito inglés	0,01913	4
32 natación	0,05337	11	74 free fire	0,01901	2
33 puzle	0,04797	8	75 toca boca	0,01876	3
34 estudiar	0,04645	9	76 fútbol sala	0,01846	3
35 mario	0,04533	7	77 escalar	0,01682	4
36 patinar	0,04383	8	78 squad basters	0,01623	2
37 nintendo	0,04335	7	79 karate	0,01602	3
38 escribir	0,04291	8	80 7 vidas	0,01562	4
39 tele(visión)	0,04231	7	81 pelota	0,01559	2
40 ping pong	0,04223	8	82 ballet	0,01528	3
41 atletismo	0,04130	9	83 fútbol americano	0,01522	4
42 clash royale	0,04109	7	84 pilota valenciana	0,01496	3

Rango/vocablo	IDL	% Apar.
85 tu la llevas	0,01494	2
86 escuchar música	0,01470	2
87 sin palabras	0,01462	2
88 hablar	0,01391	3
89 mamás y papás	0,01382	2
90 boxeo	0,01378	3
91 balón	0,01352	2
92 acrobacia	0,01324	2
93 baile	0,01324	2
94 viajar	0,01202	3
95 artista	0,01171	3
96 bici(cleta)	0,01171	3
97 bádminton	0,01155	3
98 tres en raya	0,01043	2
99 sí o no	0,01026	2
100 just dance	0,01016	2
101 animal crossing	0,01006	3
102 sudoku	0,01000	1
103 piedra, papel o tijeras	0,01000	1
104 twiter	0,01000	1
105 juego de móvil	0,01000	1
106 juego de cocina	0,01000	1
107 mario wonder	0,01000	1
108 stop	0,01000	1
109 pilota dalt corda	0,01000	1
110 pasatiempo	0,01000	1
111 trivial	0,00988	2
112 jardinería	0,00962	2
113 amigos	0,00924	2
114 brawl stars	0,00910	2
115 el juego de la vida	0,00901	1
116 baraja	0,00901	1
117 cromos	0,00901	1
118 mario bross	0,00901	1
119 lucha	0,00901	1
120 pintuar	0,00901	1
121 android	0,00901	1
122 asesino	0,00901	1
123 pelota valenciana	0,00883	2
124 carrera	0,00883	2
125 muñeca	0,00856	3
126 caminar	0,00851	2

Rango/vocablo	IDL	% Apar.
127 virus	0,00846	2
128 golf	0,00824	2
129 basketball	0,00811	1
130 rompecabezas	0,00811	1
131 street fighter	0,00811	1
132 coleccionar	0,00811	1
133 pasear	0,00811	1
134 pulsera	0,00811	1
135 el precio justo	0,00811	1
136 iphone	0,00811	1
137 comer	0,00798	2
138 torito en alto	0,00765	2
139 yudo	0,00762	2
140 apex	0,00731	1
141 quedar	0,00731	1
142 stumble	0,00731	1
143 tocaworld	0,00731	1
144 rayuela	0,00731	1
145 ahora caigo	0,00731	1
146 cartas	0,00731	1
147 video	0,00731	1
148 estatua	0,00731	1
149 consola	0,00731	1
150 cortex	0,00731	1
151 trabajar	0,00731	1
152 gimnasia rítmica	0,00731	1
153 patín	0,00731	1
154 pictureka	0,00703	1
155 andar	0,00690	1
156 billar	0,00686	1
157 no lo digas	0,00675	1
158 triatlón	0,00675	1
159 familia	0,00658	1
160 lleva	0,00658	1
161 mi amiga	0,00658	1
162 hacer deber	0,00658	1
163 car	0,00658	1
164 casino	0,00658	1
165 pictoniary	0,00658	1
166 adopt me	0,00658	1
167 banderín	0,00658	1
168 stratega	0,00658	1
169 momia	0,00658	1

Rango/vocablo		IDL	% Apar.
170	atrapa un millón	0,00658	1
171	good of war	0,00658	1
172	memory	0,00658	1
173	basquetbol	0,00658	1
174	motociclismo	0,00658	1
175	hacer música	0,00593	1
176	legend	0,00593	1
177	serpiente y escalera	0,00593	1
178	columpio	0,00593	1
179	tejer	0,00593	1
180	fallera	0,00593	1
181	pepa la cerdita	0,00593	1
182	frisby	0,00593	1
183	magneta	0,00593	1
184	goma	0,00593	1
185	gallinita ciega	0,00593	1
186	tocar	0,00593	1
187	piggy	0,00593	1
188	iq fit	0,00593	1
189	switch	0,00586	1
190	película	0,00578	1
191	veo veo	0,00534	1
192	caillou	0,00534	1
193	teléfono	0,00534	1
194	whatsapp	0,00534	1
195	peluqueria	0,00534	1
196	pichi	0,00534	1
197	el monstruo	0,00534	1
198	peinar	0,00534	1
199	tabú	0,00534	1
200	iq stars	0,00534	1
201	belleza	0,00534	1
202	diana	0,00481	1
203	ahorcado	0,00481	1
204	5 líneas	0,00481	1
205	aprende con grin	0,00481	1
206	peluquería	0,00481	1
207	zapatilla por detrás	0,00481	1
208	clash of clans	0,00481	1
209	hacer perfumes	0,00481	1
210	hijos contra padres	0,00481	1
211	idiomas	0,00481	1

Rango/vocablo		IDL	% Apar.
212	frontón	0,00481	1
213	esculpir	0,00481	1
214	peluche	0,00473	1
215	emotify	0,00465	1
216	bote bote	0,00433	1
217	bebé	0,00433	1
218	coser	0,00433	1
219	juguete	0,00433	1
220	squat battles	0,00433	1
221	poesía	0,00433	1
222	números	0,00433	1
223	polilla tramposa	0,00433	1
224	petanca	0,00433	1
225	animar	0,00433	1
226	mikado	0,00433	1
227	teatro	0,00433	1
228	interpretar	0,00433	1
229	rapear	0,00433	1
230	candy crush	0,00433	1
231	twich	0,00433	1
232	mano mano	0,00433	1
233	handball	0,00433	1
234	mentiroso	0,00433	1
235	arcade	0,00433	1
236	conecta 4	0,00390	1
237	bingo	0,00390	1
238	pokemon	0,00390	1
239	tecnología	0,00390	1
240	forma palabra	0,00390	1
241	plastilina	0,00390	1
242	ir de compras	0,00390	1
243	hay day	0,00390	1
244	barbie	0,00390	1
245	sonic	0,00390	1
246	gameboy	0,00390	1
247	league of legends	0,00390	1
248	meditar	0,00352	1
249	sardinas enlatada	0,00352	1
250	sardina	0,00352	1
251	wii	0,00352	1
252	trotar	0,00352	1
253	libro	0,00352	1
254	flauta	0,00352	1

Rango/vocablo	IDL	% Apar.	Rango/vocablo	IDL	% Apar.
255 hip hop	0,00352	1	278 vida	0,00285	1
256 palomero	0,00352	1	279 super mario	0,00285	1
257 twister	0,00352	1	280 lego city	0,00285	1
258 polis y cacos	0,00317	1	281 patinete	0,00257	1
259 cinquillo	0,00317	1	282 clarinete	0,00257	1
260 tangram	0,00317	1	283 maratón	0,00257	1
261 balón prisionero	0,00317	1	284 superpoly	0,00257	1
262 aro	0,00317	1	285 bucear	0,00231	1
263 taekwondo	0,00317	1	286 4 en raya	0,00231	1
264 robótica	0,00317	1	287 quién es quién	0,00231	1
265 historiador	0,00317	1	288 lucha libre	0,00231	1
266 abeja reina	0,00317	1	289 construir	0,00231	1
267 semana inglesa	0,00317	1	290 malabar	0,00231	1
268 gusano	0,00317	1	291 relevos	0,00208	1
269 guitarra	0,00285	1	292 declaro la guerra	0,00208	1
270 inglés	0,00285	1	293 bolos	0,00208	1
271 pelota sentada	0,00285	1	294 rumikub	0,00208	1
272 solitario	0,00285	1	295 superjuego	0,00188	1
273 baile moderno	0,00285	1	296 decorar	0,00188	1
274 ducharse	0,00285	1	297 sopa de letras	0,00188	1
275 fc	0,00285	1	298 futbolín	0,00188	1
276 pilotar	0,00285	1	299 tragabolas	0,00169	1
277 mini golf	0,00285	1	300 crear	0,00152	1

12. Profesiones y oficios

Rango/vocablo		IDL	% Apar.	Rango/vocablo		IDL	% Apar.
1	profe(sor)	0,68934	83	43	bailarín	0,05087	12
2	bombero	0,43980	58	44	banquero	0,04961	7
3	policía	0,42920	59	45	entrenador	0,04904	9
4	médico	0,40197	57	46	peluquero	0,04588	7
5	futbolista	0,27944	46	47	basurero	0,04535	6
6	enfermero	0,23962	34	48	farmacéutico	0,04220	6
7	veterinario	0,17419	28	49	chef	0,04087	7
8	maestro	0,15641	19	50	deportista	0,03983	7
9	taxista	0,13980	23	51	pediatra	0,03924	8
10	camarero	0,13375	25	52	azafata	0,03827	7
11	arquitecto	0,13019	20	53	granjero	0,03819	9
12	doctor	0,12755	19	54	biólogo	0,03805	7
13	cocinero	0,11817	20	55	jugador de baloncesto	0,03704	7
14	camionero	0,10337	14				
15	músico	0,10145	19	56	escritor	0,03606	7
16	abogado	0,09949	17	57	panadero	0,03547	6
17	limpiador	0,09420	16	58	fábrica	0,03481	5
18	piloto	0,08730	15	59	cirujano	0,03393	6
19	youtuber	0,08618	12	60	jardinero	0,03370	7
20	científico	0,08539	15	61	niñero	0,03298	5
21	ingeniero	0,08427	15	62	carnicero	0,03272	8
22	dentista	0,08207	13	63	jefe	0,03081	5
23	informático	0,08112	16	64	nadador	0,03016	4
24	cajero	0,08046	12	65	modelo	0,03014	6
25	actor	0,07644	13	66	diseñador	0,02695	5
26	pintor	0,07297	12	67	político	0,02626	6
27	vendedor	0,07144	12	68	agricultor	0,02565	4
28	director	0,07022	13	69	autobusero	0,02451	4
29	constructor	0,06989	13	70	basquetbolista	0,02390	4
30	cantante	0,06790	15	71	bibliotecario	0,02373	4
31	tenista	0,06689	13	72	barrendero	0,02363	4
32	mecánico	0,06615	12	73	guardia civil	0,02299	5
33	empresario	0,06354	11	74	periodista	0,02252	5
34	psicólogo	0,06137	14	75	ginecólogo	0,02245	4
35	albañil	0,05858	10	76	carpintero	0,02219	5
36	militar	0,05823	9	77	guardia	0,02160	3
37	astronauta	0,05755	11	78	limpieza	0,02087	4
38	tik toker	0,05729	9	79	juez	0,02080	4
39	artista	0,05698	10	80	esteticien	0,02073	4
40	fisio(terapeuta)	0,05367	8	81	pedagogo	0,02070	3
41	electricista	0,05307	9	82	pianista	0,02061	4
42	obrero	0,05298	10	83	uber	0,02046	3

Rango/vocablo	IDL	% Apar.	Rango/vocablo	IDL	% Apar.
84 cartero	0,02002	3	127 ascensorista	0,01037	2
85 estilista	0,01947	3	128 comerciante	0,01037	2
86 dependiente	0,01896	3	129 traumatólogo	0,01007	2
87 conductor	0,01814	5	130 secretario	0,01007	2
88 golfista	0,01804	3	131 contador	0,01000	1
89 seguridad	0,01801	3	132 hospital	0,01000	1
90 oficinista	0,01789	3	133 criminólogo	0,01000	1
91 pastor	0,01770	2	134 casista	0,01000	1
92 autónomo	0,01766	3	135 ama de casa	0,00955	2
93 ganadero	0,01748	3	136 creador de	0,00936	2
94 ajedrecista	0,01697	2	videojuegos		
95 animador	0,01684	3	137 portuario	0,00921	1
96 pescadero	0,01670	4	138 maestro de ajedrez	0,00921	1
97 monitor	0,01644	3	139 contable	0,00921	1
98 baloncestista	0,01638	3	140 frutero	0,00921	1
99 socorrista	0,01632	3	141 astrónomo	0,00906	2
100 restaurante	0,01584	2	142 payaso	0,00903	2
101 portero	0,01580	4	143 ballestero	0,00883	2
102 banca	0,01568	2	144 hacker	0,00880	2
103 quiosquero	0,01563	2	145 perfumista	0,00848	1
104 presidente	0,01544	4	146 cardiólogo	0,00848	1
105 urólogo	0,01543	3	147 fallero	0,00848	1
106 cuidador	0,01499	3	148 influencer	0,00848	1
107 chófer	0,01484	2	149 administrador	0,00848	1
108 rotulista	0,01440	2	150 oficina	0,00848	1
109 ciclista	0,01410	3	151 pastelero	0,00848	1
110 cazador	0,01394	4	152 mesero	0,00845	2
111 bar	0,01392	2	153 auxiliar	0,00821	2
112 heladero	0,01346	3	154 voleibol	0,00794	2
113 programador	0,01341	3	155 empleado	0,00782	1
114 marinero	0,01326	2	156 fontanero	0,00782	1
115 oculista	0,01316	3	157 pescatero	0,00782	1
116 escultor	0,01274	2	158 hematólogo	0,00782	1
117 soldador	0,01244	3	159 higienista	0,00782	1
118 cultivador	0,01222	2	160 buceador	0,00782	1
119 flautista	0,01182	2	161 electromecánico	0,00782	1
120 oftalmólogo	0,01160	2	162 explorador	0,00782	1
121 fabricante	0,01131	2	163 arqueólogo	0,00769	2
122 guitarrista	0,01129	2	164 conserje	0,00756	2
123 psicopedagogo	0,01125	2	165 patinero	0,00750	2
124 sirviente	0,01122	3	166 acróbata	0,00746	2
125 pescador	0,01081	2	167 accionista	0,00731	2
126 jugador	0,01040	2	168 epidemiólogo	0,00720	1

Rango/vocablo		IDL	% Apar.
169	montador	0,00720	1
170	ambulante	0,00720	1
171	asesor	0,00720	1
172	guardia seguridad	0,00720	1
173	taxi	0,00720	1
174	tendero	0,00720	1
175	gimnasta	0,00665	2
176	canguro	0,00663	1
177	entrevistador	0,00663	1
178	pizzería	0,00663	1
179	atletismo	0,00663	1
180	barista	0,00663	1
181	bloguer	0,00663	1
182	estudiante	0,00663	1
183	operario	0,00663	1
184	neurólogo	0,00663	1
185	guardabosques	0,00650	2
186	colegio	0,00611	1
187	terapeuta	0,00611	1
188	ortodoncista	0,00611	1
189	ayudante	0,00611	1
190	visitador médico	0,00611	1
191	costurero	0,00611	1
192	asistente	0,00611	1
193	mayordomo	0,00583	2
194	capitán	0,00563	1
195	compositor	0,00563	1
196	tecnología	0,00563	1
197	concesionario	0,00563	1
198	árbitro	0,00563	1
199	repartidor	0,00563	1
200	saltador	0,00563	1
201	violinista	0,00563	1
202	verdulero	0,00563	1
203	tatuador	0,00563	1
204	matemático	0,00563	1
205	negocio	0,00563	1
206	hornero	0,00563	1
207	perito	0,00563	1
208	comercial	0,00518	1
209	jugador de colpbol	0,00518	1
210	comediante	0,00518	1
211	lavaplatos	0,00518	1

Rango/vocablo		IDL	% Apar.
212	fotógrafo	0,00518	1
213	motero	0,00518	1
214	striper	0,00518	1
215	universitario	0,00518	1
216	predicador	0,00477	1
217	educador	0,00477	1
218	maquinista de tren	0,00477	1
219	recogepelotas	0,00477	1
220	malabarista	0,00477	1
221	corredor	0,00477	1
222	dj	0,00477	1
223	jugador de balonmano	0,00477	1
224	preparador físico	0,00477	1
225	maquinista de metro	0,00477	1
226	jugador de pádel	0,00477	1
227	humorista	0,00477	1
228	guionista	0,00440	1
229	decorador	0,00440	1
230	guardia de banco	0,00440	1
231	masajista	0,00440	1
232	autor	0,00440	1
233	ambulancia	0,00440	1
234	hada de los dientes	0,00440	1
235	zoológico	0,00440	1
236	streamer	0,00440	1
237	tutor	0,00440	1
238	swat	0,00440	1
239	florista	0,00405	1
240	mago	0,00405	1
241	filósofo	0,00405	1
242	detective	0,00405	1
243	maquillador	0,00405	1
244	zapatero	0,00405	1
245	twicher	0,00373	1
246	profe(sor) de universidad	0,00373	1
247	boxeador	0,00373	1
248	transportador	0,00373	1
249	vendedor de muebles	0,00344	1
250	recepcionista	0,00344	1
251	historiador	0,00344	1

Rango/vocablo		IDL	% Apar.
252	inspector	0,00344	1
253	pesquero	0,00344	1
254	alcalde	0,00344	1
255	menjador	0,00344	1
256	vendedor ambulante	0,00317	1
257	barman	0,00317	1
258	fiscal	0,00317	1
259	modisto	0,00317	1
260	podólogo	0,00317	1
261	presentador	0,00317	1
262	otorrinolaringó- logo	0,00317	1
263	rey	0,00317	1
264	regidor	0,00317	1
265	guardaespaldas	0,00292	1
266	farmacia	0,00292	1
267	instagramer	0,00292	1

Rango/vocablo		IDL	% Apar.
268	hada madrina	0,00292	1
269	luchador	0,00292	1
270	físico	0,00292	1
271	ser famoso	0,00269	1
272	brujo	0,00269	1
273	meteorólogo	0,00269	1
274	zoólogo	0,00269	1
275	vicepresidente	0,00247	1
276	forestal	0,00247	1
277	inversor	0,00247	1
278	cristalero	0,00247	1
279	economista	0,00247	1
280	negociador	0,00228	1
281	marqueting	0,00210	1
282	criado	0,00210	1
283	pistolero	0,00193	1
284	minero	0,00193	1

13. Familia

Rango/vocablo	IDL	% Apar.	Rango/vocablo	IDL	% Apar.
1 abuelo	0,61905	89	43 compartir	0,01560	2
2 tío	0,61056	87	44 padrino	0,01549	4
3 padre	0,60112	70	45 nuera	0,01351	4
4 madre	0,55995	68	46 amistad	0,01320	4
5 hermano	0,55960	78	47 rabia	0,01311	2
6 primo	0,51041	78	48 gemelo	0,01271	3
7 bisabuelo	0,26957	54	49 unión	0,01183	3
8 papá	0,20565	25	50 pareja	0,01120	2
9 mamá	0,20526	24	51 ayudar	0,01118	3
10 tatarabuelo	0,20144	41	52 exmadrastra	0,01098	2
11 hijo	0,18104	31	53 hijastro	0,01083	4
12 amor	0,17865	29	54 jugar	0,01038	2
13 sobrino	0,12361	26	55 tío segundo	0,01038	2
14 tío abuelo	0,11055	22	56 feliz	0,01038	2
15 alegría	0,11048	18	57 agobio	0,01000	1
16 nieto	0,10007	20	58 rebaño	0,01000	1
17 cuñado	0,09228	17	59 nerviosismo	0,00998	2
18 perro	0,09121	13	60 madrina	0,00997	3
19 mascota	0,08391	17	61 primo tercero	0,00856	2
20 felicidad	0,07919	13	62 odio	0,00853	2
21 gato	0,07735	13	63 cumpleaños	0,00821	2
22 suegro	0,07542	15	64 gracia	0,00819	1
23 tristeza	0,07026	12	65 vergüenza	0,00819	1
24 novio	0,06754	16	66 discusión	0,00819	1
25 hermanastro	0,06348	14	67 gay	0,00819	1
26 amigo	0,05882	15	68 respeto	0,00819	1
27 madrastra	0,05465	14	69 molesto	0,00819	1
28 primo segundo	0,05271	11	70 tranquilidad	0,00782	2
29 padrastro	0,04759	12	71 exnovio	0,00774	2
30 yayo	0,03691	6	72 querer	0,00774	2
31 primo hermano	0,03588	7	73 consuegro	0,00772	2
32 primo lejano	0,02643	6	74 amar	0,00741	1
33 yerno	0,02443	5	75 lesbiana	0,00741	1
34 sentimiento	0,02407	3	76 panal	0,00741	1
35 cariño	0,02282	5	77 compatibilidad	0,00741	1
36 bebé	0,02090	4	78 seguridad	0,00739	2
37 emoción	0,02069	4	79 hámster	0,00679	2
38 enfado	0,01959	5	80 aburrimiento	0,00670	1
39 bisnieto	0,01935	4	81 tata	0,00670	1
40 confianza	0,01920	4	82 diversión	0,00640	2
41 pelea	0,01905	2	83 mujer	0,00630	2
42 fiesta	0,01905	2	84 perdón	0,00607	1

Rango/vocablo	IDL	% Apar.
85 disfrutar	0,00607	1
86 maltratar	0,00607	1
87 compañía	0,00607	1
88 masada	0,00607	1
89 periquito	0,00607	1
90 empatía	0,00549	1
91 ignorar	0,00549	1
92 incomodidad	0,00549	1
93 colmena	0,00549	1
94 esposo	0,00503	2
95 risa	0,00497	1
96 apoyar	0,00497	1
97 tío lejano	0,00497	1
98 burla	0,00497	1
99 cercanía	0,00497	1
100 vagabundo	0,00497	1
101 tete	0,00497	1
102 mellizo	0,00497	1
103 tataranieto	0,00449	1
104 animar	0,00449	1
105 enojo	0,00449	1
106 comprensión	0,00449	1
107 niño	0,00449	1
108 contento	0,00407	1
109 cosí	0,00407	1
110 abrazo	0,00407	1
111 claridad	0,00407	1

Rango/vocablo	IDL	% Apar.
112 beso	0,00368	1
113 primo cuarto	0,00368	1
114 sorpresa	0,00368	1
115 paz	0,00368	1
116 alegre	0,00368	1
117 pensar	0,00333	1
118 enamorado	0,00333	1
119 llorar	0,00333	1
120 libertad	0,00333	1
121 animal	0,00333	1
122 nostalgia	0,00333	1
123 regalo	0,00301	1
124 calidez	0,00273	1
125 conejo	0,00273	1
126 bienestar	0,00247	1
127 amante	0,00247	1
128 marido	0,00247	1
129 santo	0,00247	1
130 tortuga	0,00247	1
131 pez	0,00223	1
132 cobaya	0,00202	1
133 hijo adoptivo	0,00183	1
134 hermano adoptivo	0,00165	1
135 palabrota	0,00165	1
136 furia	0,00150	1

14. Tecnología

Rango/vocablo	IDL	% Apar.	Rango/vocablo	IDL	% Apar.
1 móvil	0,74243	85	43 fifa	0,03307	7
2 tablet	0,70244	88	44 snapchat	0,02882	5
3 ordenador	0,57315	72	45 microondas	0,02811	6
4 tele(visión)	0,43372	64	46 juego	0,02660	4
5 tik tok	0,31659	51	47 videojuego	0,02565	4
6 whatsapp	0,27347	52	48 celular	0,02543	3
7 play (station)	0,26553	45	49 cascos	0,02458	5
8 instagram	0,26230	47	50 brawl stars	0,02391	3
9 youtube	0,19909	38	51 altavoz	0,02294	6
10 nintendo	0,19259	33	52 radio	0,02110	3
11 google	0,15263	28	53 pizarra	0,02091	4
12 portátil	0,12449	19	54 electricidad	0,02000	2
13 iphone	0,12088	17	55 cámara	0,01987	5
14 teléfono	0,11137	14	56 chrome	0,01979	4
15 reloj	0,11064	21	57 computadora	0,01976	3
16 ipad	0,10362	16	58 wii	0,01953	4
17 facebook	0,09068	19	59 spotify	0,01906	4
18 apple	0,08144	11	60 cargador	0,01860	3
19 samsung	0,07406	12	61 computador	0,01744	2
20 (pizarra) digital	0,07343	12	62 video	0,01742	3
21 alexa	0,06659	12	63 firefox	0,01708	4
22 x box	0,06355	12	64 temu	0,01702	5
23 roblox	0,06297	12	65 shein	0,01694	5
24 switch	0,06020	11	66 twitter	0,01689	4
25 teclado	0,05632	10	67 pinterest	0,01670	4
26 wifi	0,05029	11	68 x	0,01642	3
27 nokia	0,04999	8	69 dron	0,01591	2
28 mando	0,04707	8	70 game boy	0,01518	2
29 internet	0,04242	7	71 impresora	0,01518	2
30 android	0,04070	7	72 auricular	0,01509	3
31 consola	0,04014	8	73 audífono	0,01432	3
32 fornite	0,03999	7	74 tinder	0,01403	3
33 pc	0,03971	8	75 apple pencil	0,01390	2
34 ratón	0,03655	6	76 family computer	0,01384	2
35 pantalla	0,03637	7	77 nintendo switch	0,01384	2
36 cable	0,03597	5	78 reloj digital	0,01284	2
37 coche eléctrico	0,03563	5	79 micrófono	0,01259	2
38 twiter	0,03554	9	80 siri	0,01244	2
39 telegram	0,03485	7	81 alegría	0,01242	4
40 twitch	0,03484	7	82 coche	0,01207	2
41 xiaomi	0,03466	5	83 thermomix	0,01207	2
42 robot	0,03394	6	84 airpod	0,01156	2

Rango/vocablo	IDL	% Apar.
85 rumba	0,01129	2
86 huawei	0,01091	2
87 traductor	0,01073	3
88 walkie talkie	0,01062	3
89 enchufe	0,01055	2
90 safari	0,01042	3
91 amazon	0,01032	3
92 enfado	0,01027	3
93 licuadora	0,01000	1
94 oppo	0,00968	2
95 ios	0,00958	2
96 usb	0,00912	1
97 batidora	0,00912	1
98 blog	0,00912	1
99 wikipedia	0,00889	2
100 calculadora	0,00874	2
101 apple watch	0,00857	2
102 google map	0,00843	2
103 twister	0,00832	1
104 llamada	0,00832	1
105 ratón móvil	0,00832	1
106 hay day	0,00832	1
107 mensaje	0,00832	1
108 tesla	0,00832	1
109 oled	0,00762	2
110 bici(cleta) eléctrica	0,00759	1
111 redmi	0,00759	1
112 programador	0,00759	1
113 app store	0,00759	1
114 laptop	0,00759	1
115 lavaplatos	0,00759	1
116 app	0,00759	1
117 streamer	0,00759	1
118 netflix	0,00730	2
119 ventilador	0,00727	2
120 cámara de fotos	0,00692	1
121 torre	0,00692	1
122 duolingo	0,00692	1
123 lavavajillas	0,00692	1
124 fotocopiadora	0,00692	1
125 game	0,00692	1
126 gmail	0,00666	2
127 videojoc	0,00631	1

Rango/vocablo	IDL	% Apar.
128 horno	0,00631	1
129 buts	0,00631	1
130 web	0,00631	1
131 patinete eléctrico	0,00631	1
132 lápiz táctil	0,00631	1
133 tecnológico	0,00631	1
134 aspirador	0,00631	1
135 tecnólogo	0,00631	1
136 outlook	0,00578	2
137 smartphone	0,00576	1
138 air fryer	0,00576	1
139 toca boca	0,00576	1
140 motorola	0,00576	1
141 foto	0,00576	1
142 free fire	0,00576	1
143 windows	0,00576	1
144 sky	0,00525	1
145 power point	0,00525	1
146 messenger	0,00525	1
147 lliurex	0,00525	1
148 ratón de pc	0,00525	1
149 luz	0,00525	1
150 proyector	0,00479	1
151 minecraft	0,00479	1
152 buscador	0,00479	1
153 escritorio	0,00479	1
154 pizarra electrónica	0,00437	1
155 pantalla digital	0,00437	1
156 galería	0,00437	1
157 sega	0,00437	1
158 wallapop	0,00399	1
159 business	0,00399	1
160 e book	0,00399	1
161 libro digital	0,00399	1
162 gta	0,00396	1
163 felicidad	0,00374	1
164 patín eléctrico	0,00363	1
165 vinted	0,00363	1
166 almacenamiento	0,00363	2
167 guitarra eléctrica	0,00363	2
168 microsoft	0,00363	1
169 piano	0,00363	1
170 cronómetro	0,00363	1

Rango/vocablo		IDL	% Apar.
171	chip	0,00363	1
172	super mario	0,00363	1
173	prime	0,00363	1
174	reloj táctil	0,00363	1
175	mario wonder	0,00332	1
176	pokemon	0,00332	1
177	videollamada	0,00332	1
178	meet	0,00332	1
179	nevera	0,00332	1
180	guitarra	0,00332	1
181	disney	0,00302	1
182	procurate	0,00302	1
183	sony	0,00302	1
184	clash royale	0,00302	1

Rango/vocablo		IDL	% Apar.
185	ios launcher	0,00276	1
186	hbo	0,00276	1
187	pokemon go	0,00276	1
188	sonic super	0,00276	1
189	grammy	0,00252	1
190	asistente de google	0,00252	1
191	crash royale	0,00252	1
192	sonic vs mario	0,00252	1
193	youtube kids	0,00252	1
194	garage band	0,00229	1
195	geometry dash	0,00229	1
196	league of legends	0,00209	1
197	superell	0,00191	1
198	tranjis games	0,00174	1

15. Colores

Rango/vocablo		IDL	% Apar.
1	rojo	0,69582	87
2	amarillo	0,62711	89
3	azul	0,62464	78
4	negro	0,60218	95
5	verde	0,56947	83
6	rosa	0,56830	86
7	naranja	0,55556	84
8	blanco	0,53774	95
9	morado	0,52402	86
10	marrón	0,33177	65
11	gris	0,32169	73
12	azul oscuro	0,23613	55
13	verde oscuro	0,19226	45
14	lila	0,16413	31
15	azul claro	0,15530	33
16	turquesa	0,14120	30
17	verde claro	0,12280	27
18	beis	0,12256	27
19	granate	0,09106	19
20	carne	0,08671	24
21	plateado	0,08450	23
22	celeste	0,08182	14
23	dorado	0,07813	20
24	azul marino	0,07745	14
25	violeta	0,07297	18
26	rosa pastel	0,05948	15
27	rosa oscuro	0,05124	14
28	fucsia	0,04890	13
29	salmón	0,04573	12
30	marrón claro	0,04321	13
31	magenta	0,04077	10
32	marrón oscuro	0,04045	12
33	rosa claro	0,04018	10
34	rojo oscuro	0,03698	8
35	azul pastel	0,03692	10
36	verde lima	0,03562	5
37	amarillo pastel	0,03516	10
38	morado oscuro	0,03512	13
39	verde pastel	0,03048	8
40	azul celeste	0,03022	8
41	fosforito	0,02892	9
42	arcoiris	0,02841	7

Rango/vocablo		IDL	% Apar.
43	amarillo fosforito	0,02785	8
44	azul cielo	0,02748	7
45	rojo pastel	0,02595	6
46	púrpura	0,02585	6
47	morado pastel	0,02496	8
48	transparente	0,02296	6
49	rosa fosforito	0,02222	7
50	verde césped	0,02151	3
51	naranja pastel	0,02019	6
52	rojizo	0,01965	5
53	azul turquesa	0,01941	4
54	rosa chicle	0,01938	7
55	amarillo chillón	0,01877	4
56	rojo sangre	0,01847	4
57	amarillo polo	0,01837	2
58	amarillo oscuro	0,01812	6
59	rojo chillón	0,01687	2
60	amarillo pollo	0,01680	3
61	esmeralda	0,01625	4
62	rosado	0,01610	3
63	naranja oscuro	0,01577	5
64	verde fosforito	0,01526	6
65	pistacho	0,01509	3
66	verde agua	0,01503	5
67	azul agua	0,01457	3
68	morado claro	0,01364	6
69	plata	0,01342	4
70	oro	0,01314	4
71	azul verdoso	0,01286	3
72	azulado	0,01273	3
73	verdoso	0,01247	3
74	rojo claro	0,01228	5
75	rosa fucsia	0,01222	3
76	cian	0,01201	3
77	vino	0,01117	2
78	lima	0,01117	2
79	amapola	0,01102	2
80	mostaza	0,01064	2
81	gris claro	0,01036	4
82	gris oscuro	0,01009	4
83	verde planta	0,01000	1
84	azuloso	0,00929	2

Rango/vocablo		IDL	% Apar.
85	café	0,00929	2
86	amarillo claro	0,00926	3
87	verde azulado	0,00888	2
88	rosa palo	0,00854	2
89	agua	0,00795	2
90	rosa algodón	0,00786	2
91	cobalto	0,00785	2
92	amarilloso	0,00784	2
93	sangre	0,00774	2
94	amarillo dorado	0,00774	1
95	rojo salmón	0,00774	1
96	verde selva	0,00743	1
97	azul verde	0,00730	2
98	verde azuloso	0,00720	2
99	naranja fosforito	0,00717	2
100	verde tortuga	0,00711	3
101	bronce	0,00683	1
102	anaranjado	0,00683	2
103	pastel	0,00638	2
104	marrón caca	0,00632	2
105	verde esmeralda	0,00608	3
106	verde menta	0,00600	2
107	naranja chillón	0,00600	1
108	hierba	0,00595	1
109	azul fosforito	0,00595	2
110	marrón rojo	0,00557	2
111	azul cian	0,00551	2
112	rosa chillón	0,00551	1
113	azul mar	0,00527	1
114	rosa magenta	0,00506	2
115	verde chillón	0,00502	1
116	negro oscuro	0,00491	2
117	bronceado	0,00465	2
118	rosa flamenco	0,00465	1
119	rosa morado	0,00465	1
120	naranja manchado	0,00465	1
121	violeta claro	0,00454	1
122	claro	0,00427	2
123	metalizado	0,00427	1
124	rojo tomate	0,00427	1
125	lavanda	0,00427	1
126	grisáceo	0,00427	1
127	azul crudo	0,00427	1

Rango/vocablo		IDL	% Apar.
128	oscuro	0,00392	1
129	rosa salmón	0,00392	1
130	lila pastel	0,00392	1
131	cielo	0,00392	1
132	chocolate	0,00392	1
133	naranja claro	0,00369	1
134	rojo neón	0,00364	2
135	marrón fuerte	0,00360	2
136	verde metálico	0,00360	1
137	gris blanco	0,00334	1
138	azul grisáceo	0,00330	2
139	verde limón	0,00330	1
140	blanco nuclear	0,00330	1
141	piel	0,00330	1
142	marrón débil	0,00330	1
143	vainilla	0,00330	1
144	color caca	0,00330	1
145	blanco nieve	0,00303	1
146	azul amarillento	0,00303	1
147	leche	0,00303	1
148	negro fuerte	0,00303	1
149	coral	0,00303	1
150	amarillo limón	0,00303	1
151	amarillo mostaza	0,00303	1
152	carmesí	0,00303	1
153	azabache	0,00303	1
154	plátano	0,00303	1
155	marrón pastel	0,00303	1
156	crema	0,00303	1
157	bermellón	0,00303	1
158	fresa	0,00279	1
159	amarillo rubio	0,00279	1
160	blanco diente	0,00279	1
161	verde azabache	0,00279	1
162	azul oceánico	0,00279	1
163	azul plateado	0,00256	1
164	marrón café	0,00256	1
165	ocre	0,00256	1
166	rosa blanco	0,00235	1
167	calabaza	0,00235	1
168	menta	0,00235	1
169	carmín	0,00216	1
170	rosa bebé	0,00216	1

Rango/vocablo		IDL	% Apar.
171	hueso	0,00216	1
172	amarillo neón	0,00216	1
173	rosa neón	0,00198	1
174	verde amarillo	0,00198	1
175	morado fosforito	0,00182	1
176	violeta oscuro	0,00182	1
177	melocotón	0,00182	1
178	azul chillón	0,00182	1

Rango/vocablo		IDL	% Apar.
179	verde neón	0,00167	1
180	azul más negro	0,00167	1
181	verde caca	0,00153	1
182	marrón madera	0,00153	1
183	verde botella	0,00141	1
184	amarillo lima	0,00129	1
185	plata dorado	0,00109	1

Índice